HEIMWERKEN MIT HOLZ

A. Breuer

HEIMWERKEN MIT HOLZ

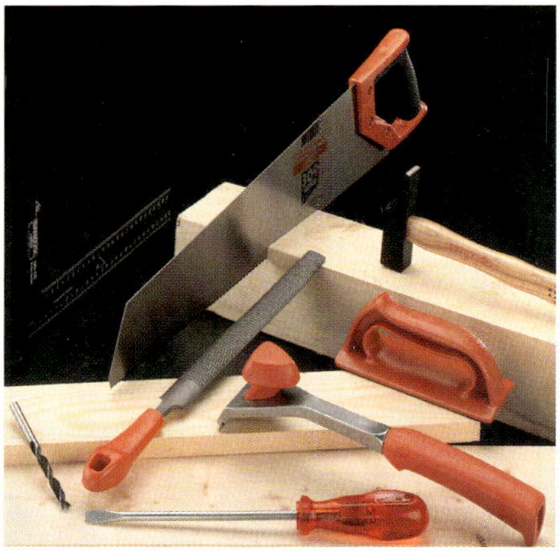

Holz und seine Eigenschaften

Die Vorliebe für Holz hat viele Gründe: Es ist ein Stück Natur, verleiht unserer Umgebung eine warme, gemütliche Atmosphäre und bietet kreativen Heimwerkern alle Möglichkeiten, individuelle Ideen zu verwirklichen. Holz kann jeder mit gutem Gewissen verwenden, da es ständig nachwächst. Wo immer in unseren Wäldern ein Baum weichen muß, werden viele neue Pflanzen gesetzt.

Der Wald ist für Mensch und Umwelt von großer Bedeutung. Bäume speichern, reinigen und verteilen das Wasser, dämpfen den Lärm, binden in ihren Kronen Staub und Schmutz, schützen den Boden vor Erosion und tragen zur Verbesserung der Luft bei, da sie Kohlendioxyd ein- und Sauerstoff ausatmen. Aus dem Kohlenstoff bildet der Baum Holz – den Werkstoff, der auch in Wohnräumen für ein gesundes Klima sorgt und jedem Heimwerker ungeahnte Möglichkeiten bietet, seine Umgebung individuell zu gestalten und kreativ zu sein.

Die Anatomie des Baumes

Holz ist laut Brockhaus „die von Rinde und Bast befreite Grundmasse der Stämme“ von Bäumen und Ästen. Und diese „Grundmasse“ ist ein kompliziertes Gebilde aus Millionen kleinster Zellen. Der Schnitt durch einen Baumstamm zeigt die komplexen Zusammenhänge der Holzentstehung und des Wachstums über die Jahrzehnte.

Die äußere Rinde, auch *Borke* (1) genannt, erneuert sich ständig, schützt gegen Pilz- und Insektenbefall, aber auch gegen Wind und Wetter, gegen Kälte und Regen. Außerdem verhindert sie bei Sonnenschein eine zu hohe Verdunstung, die die Versorgung des Baumes gefährden würde.

Die innere Rinde, auch *Bast* (2) genannt, transportiert Nährstoffe in die übrigen Teile des Baumes. Diese Schicht wird immer wieder erneuert, denn sie kann ihre Aufgabe nur für kurze Zeit erfüllen. Dann stirbt sie ab, verwandelt sich in Kork und wird ein Teil der Borke.

Die dritte Schicht ist das *Kambium* (3), das für das Wachstum des Stammes sorgt. Die Zellschicht des Kambiums erfüllt zwei Aufgaben: Nach innen produziert sie neue Holzzellen, nach außen neue Bastzellen als Ersatz für diejenigen, die dann zu Borke werden. Die Zellteilung wird durch Hormone, auch Auxine genannt, gesteuert. Die Auxine werden von den Blattknospen erzeugt, sobald sie im Frühjahr treiben. Die daraus entstehenden Jahresringe gibt es nur bei Bäumen, die in ausgeprägtem Sommer- und Winterklima wachsen.

Unter dem Kambium liegt das junge Holz. Dieser „*Splint*"-Bereich (4) des Baumes ist die Wasserleitung, die alle Teile des Baumes mit der nötigen Flüssigkeit versorgt. Während das Kambium immer neue Jahresringe produziert, stellen die inneren *Jahresringe* nach und nach ihre Wasserleitungsaufgaben ein und bilden sich um zum Kernholz. Die von der Rinde ins Holz verlaufenden Markstrahlen transportieren Nährstoffe und dienen der Atmung.

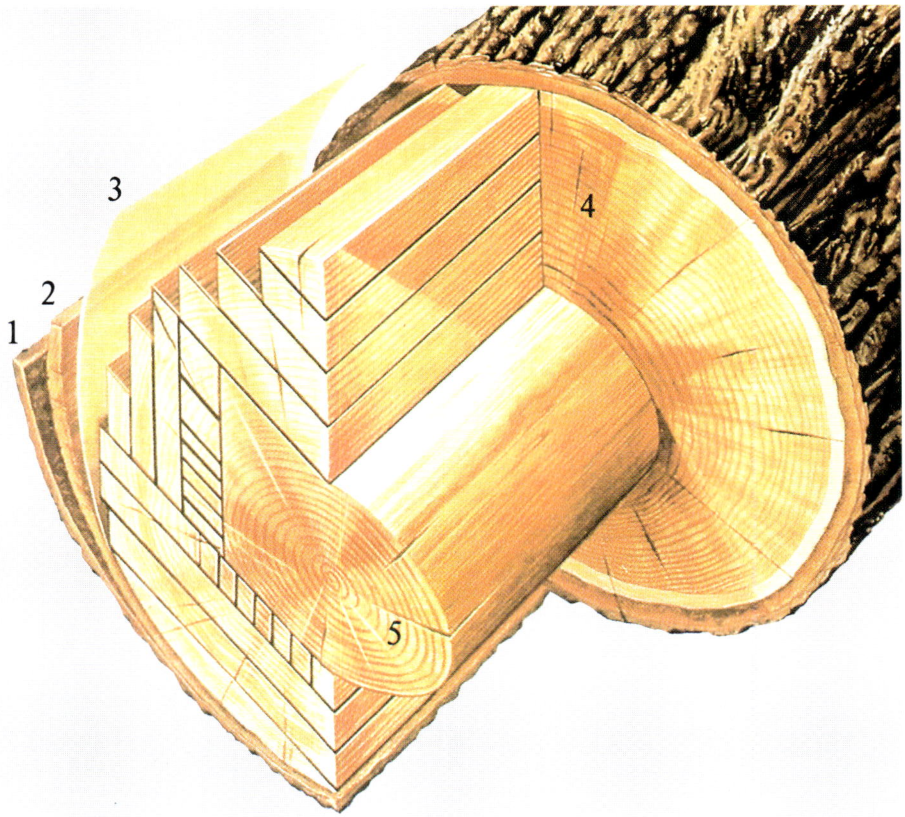

Das *Kernholz* (5) ist das Herz und die Stütze des Baumes. Obwohl es aus abgestorbenen Zellen besteht, behält es seine tragende Kraft, solange die äußeren Schichten noch leben. Kernholz ist durch eingelagerte Harze, Fette, Farb- und Gerbstoffe oft auffallend dunkel.

Weich- und Harthölzer

Man unterscheidet zwischen Weichhölzern (Nadelhölzer) und Harthölzern (Laubhölzer). Laubhölzer werden hauptsächlich im Innenbereich verwendet, Nadelhölzer im Außenbereich und zunehmend auch im Innenbereich. Um den für die Erde lebenswichtigen Regenwald vor weiterem Raubbau zu bewahren, sollten Sie auf tropisches Holz möglichst verzichten. Die tropischen Regenwälder werden nämlich im Gegensatz zu unseren Wäldern meist nicht bewirtschaftet und wieder aufgeforstet. Der Kahlschlag hat nicht nur verheerende Folgen für die tropische Pflanzen- und Tierwelt, sondern beeinflußt auch ganz entscheidend das weltweite Klima.

Die Bäume unserer Wälder bieten mit ihrer Vielfalt genug Alternativen. Ganz vorne an in der Beliebtheitsskala stehen Fichte und Kiefer, gefolgt von Lärche und Douglasie. Da jede Holzart ihre spezifischen Eigenschaften hat, hier ein kurzer Steckbrief der wichtigsten Bäume, die in unseren Breiten wachsen:

Laubhölzer

Ahorn
Feinporiges, mittelschweres Holz, das je nach Ahornart weißgelb bis rötlich ist. Es ist hart, elastisch und zäh, läßt sich gut bearbeiten, verleimen, lackieren und lasieren. Ahorn ist nicht witterungsbeständig und vor allem für Wand- und Deckenbekleidungen, Parkett und Treppen sowie für Schnitz- und Drechslerarbeiten geeignet.

Birke
Mittelschweres Holz mit feinen bis mittelgroben Poren und seidigem Glanz in gelblich- bis rötlichweißer und hellbräunlicher Farbe. Es ist elastisch und zäh, aber nicht besonders hart. Es läßt sich leicht bearbeiten, beizen und polieren. Birke ist nicht witterungsfest und wird vor allem massiv und als Furnier für Möbel, Parkett, Wand- und Deckenbekleidungen verwendet. Gut geeignet auch für Schnitz- und Drechslerarbeiten.

Buche
Mittelschweres bis schweres, stark schwindendes, feinporiges Holz in blaßgelblicher bis rötlichweißer und rötlichbrauner Farbe ohne auffällige Zeichnung. Es ist sehr hart und zäh und läßt sich leicht und sauber bearbeiten. Nicht witterungsfest, aber leicht imprägnierbar. Buche ist das wichtigste einheimische Laubholz, da es sich vielseitig verwenden läßt für stark beanspruchte Möbel, Innenausbau, Spielzeug, Haushaltsgeräte und Drechslerarbeiten.

Eiche
Mittelschweres bis schweres und hartes, grobporiges Holz mit prägnanter Zeichnung. Das pilzanfällige Splintholz ist gelblichweiß, während das witterungsbeständige Kernholz gelbbraun ist und nachdunkelt. Eiche verträgt sich nicht mit Eisen. Das Holz bekommt in Verbindung mit Feuchtigkeit blauschwarze Flecken, und Eisen rostet. Daher nur korrosionsgeschützte Verbindungselemente verwenden. Eiche ist hart und elastisch, läßt sich sauber und gut bearbeiten, wird für Fenster und Türen verwendet, für den Möbel- und Innenausbau.

Erle
Nutzholz liefert fast ausschließlich die Schwarzerle. Das Splint- und Kernholz ist rötlichweiß, rötlichgelb bis gelbrötlichbraun. Die Oberfläche ist feinporig und feinstrukturiert. Das Holz ist mittelschwer, weich und wenig elastisch, läßt sich gut bearbeiten und ergibt eine gleichmäßig glatte Oberfläche. Dünnes Holz kann beim Nageln leicht splittern. Erle wird im Möbelbau zur Imitation von Nußbaum, Kirschbaum und Mahagoni verwendet, im Innenausbau als Blindholz und für Unterkonstruktionen. Gut geeignet auch für Schnitz- und Drechslerarbeiten.

Esche
Splint- und Kernholz haben eine helle weißliche bis gelbliche oder weißrötliche Färbung. Die Oberfläche ist grobporig und hat eine stark ausgeprägte Struktur. Das Holz ist mittelschwer, hart, sehr elastisch, zäh und nur mäßig schwindend. Es läßt sich gut bearbeiten und auch biegen.
Sehr widerstandsfähig gegen Chemikalien, aber nicht witterungsbeständig. Esche wird als Massivholz und Furnier im Möbelbau verwendet und ist auch für den Innnenausbau gut geeignet.

Kirschbaum
Der Splint ist gelblich bis rötlichweiß, das frische Kernholz nur etwas dunkler. Unter Lichteinwirkung nimmt es jedoch einen warmen rötlichbraunen bis hellgoldbraunen Ton an. Die Oberfläche ist feinporig und hat eine zarte Zeichnung. Das Holz ist mittelschwer, elastisch und mäßig schwindend. Es läßt sich gut bearbeiten, polieren, beizen und färben. Kirschbaum wird massiv und als Furnier vorrangig im Möbelbau verwendet und für den anspruchsvollen Innenausbau. Gut geeignet auch als Drechsler- und Schnitzereiholz.

Nußbaum

Während das Splintholz grauweiß bis rötlichweiß ist, hat das Kernholz je nach Alter und Standort unterschiedliche Färbungen von hellgrau bis dunkel- oder violettbraun. Nußbaum ist mit seiner interessant gezeichneten, gestreiften oder gemaserten Oberfläche besonders dekorativ. Das Holz ist mittelschwer bis schwer, sehr biegefest und mäßig schwindend. Es läßt sich leicht und glatt bearbeiten und problemlos behandeln. Wie Kirschbaum wird auch Nußbaum massiv und als Furnier vorrangig für Möbel und den anspruchsvollen Innenausbau verwendet. Beliebt ist Nußbaum auch als Drechsler- und Schnitzereiholz.

Nadelhölzer

Douglasie

Das Splintholz ist gelblich bis rötlichweiß, während das Kernholz gelblichbraun bis rötlichgelb ist und durch Lichteinwirkung eine braunrote Färbung annimmt. Das Holz ist mittelschwer, ziemlich hart und harzhaltig, elastisch und mäßig schwindend. Engringiges Holz läßt sich gut bearbeiten, grobringiges, astiges Holz schwerer. Nach Entfernung von ausgetretenem Harz läßt sich die Oberfläche problemlos behandeln. Das recht witterungsbeständige Kernholz wird im Außenbereich verwendet. Gut geeignet auch für Wand- und Deckenbekleidungen, Treppen und Fußböden.

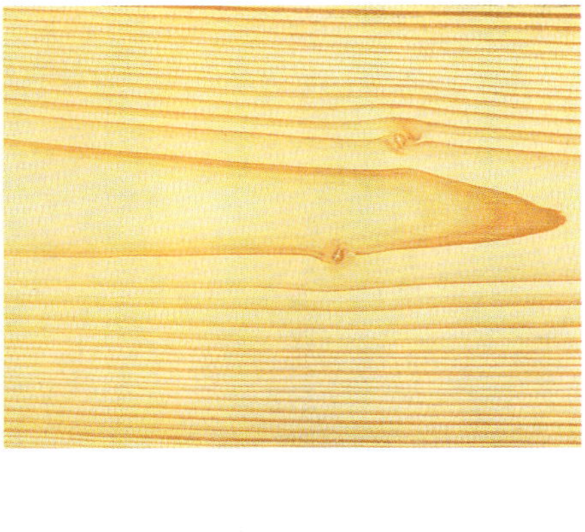

Fichte
Splint- und Kernholz sind gleichmäßig hellfarbig mit markanter gestreifter bzw. gemaserter Zeichnung. Unter Lichteinwirkung dunkelt das Holz gelblichbraun nach. Es ist mittelschwer, weich und elastisch, läßt sich in jeder Hinsicht problemlos verarbeiten und behandeln. Bei Verwendung im Außenbereich muß es geschützt werden, da es nur wenig witterungsfest ist. Das Holz der Fichte ist besonders vielseitig einsetzbar: Im Innenausbau für Fußböden, Treppen, Wand- und Deckenbekleidungen, im Außenbereich für Fassadenbekleidungen, Balkone, Fenster, Türen und Tore.

Kiefer
Das Splintholz ist gelblich- bis rötlichweiß gefärbt, frisches Kernholz hat einen rötlichgelben Ton und wird unter Lichteinwirkung mit der Zeit rötlich- bis rotbraun. Es hat eine markant gestreifte bzw. gemaserte Oberfläche. Das Holz ist mittelschwer, mäßig hart und harzhaltig, elastisch und gut zu bearbeiten. Bei höherem Harzgehalt allerdings können Bearbeitung und Behandlung erschwert werden. Relativ witterungsbeständig ist nur das Kernholz. Es ist im Außenbereich für Fenster, Türen, Tore und Palisaden geeignet. Im Innenbereich wird Kiefer gern für Möbel, Wand- und Deckenbekleidungen, Treppen und Fußböden verwendet.

Lärche

Es ist das schwerste und zugleich härteste einheimische Nadelholz. Das Splintholz ist hellgelblich bis rötlichgelb, das frische Kernholz rötlichbraun bis leuchtendrot. Mit der Zeit nimmt es eine intensiv rotbraune Tönung an. Das Holz hat eine prägnante Zeichnung. Nach der Entfernung von ausgetretenem Harz läßt es sich meist gut bearbeiten und behandeln. Es ist sehr widerstandsfähig gegen Chemikalien. Das witterungsbeständige Kernholz wird im Außenbereich eingesetzt. Im Innenbereich wird Lärche vor allem für Parkett, Landhausdielen, Holzpflaster, Profilhölzer und Vertäfelungen verwendet.

Tanne

Das Holz der Tanne ist gelblichweiß bis weiß und von dem Holz der Fichte kaum zu unterscheiden. Manchmal hat es allerdings einen grauvioletten oder bläulichen Schimmer. Auch die Eigenschaften sind fast identisch. So ist es ebenso problemlos zu bearbeiten und zu behandeln. Tannenholz ist nicht harzig und gegenüber Chemikalien überdurchschnittlich beständig, jedoch nur wenig witterungsfest. Wegen seiner teilweise grauweißen Farbe und der häufiger vorkommenden Schwarzäste wird Tanne vorwiegend als Bau- und Konstruktionsholz, Bautischler- und Industrieholz verwendet.

Holz lebt und arbeitet

Auch totes Holz ist ein lebender Werkstoff. Es arbeitet weiter, reagiert auf Feuchtigkeit, dehnt sich aus (quillt), zieht sich zusammen (schwindet) und wölbt sich, wenn der Stamm längst geschlagen ist. Hier einige Beispiele, die Ihnen helfen, Qualität und Schönheitsfehler des Naturwerkstoffs Holz zu erkennen und zu beurteilen:

1 Im Sägewerk wird der im Wald geschlagene Stamm zu Schnittholz verarbeitet. Dieses Schnittholz hat verschiedene Dimensionen. Einige Stücke gehen so, wie sie geschnitten wurden, auf den Bau und werden dort als Holzkonstruktion verwendet. Andere Schnitthölzer sind nur Rohware. Im Hobelwerk werden sie weiterverarbeitet zu Profilhölzern oder Leisten, zu Leimholzplatten oder zu massiven Hobelbrettern – zu allem, was Sie im Bau- und Heimwerkermarkt kaufen können. Die beste Holzqualität ergibt der Radialschnitt (a), bei dem der Stamm erst durch Längsschnitte geviertelt und dann aufgesägt wird. Bei dieser „Rift"-Technik erhält man Schnittholz, das sich durch fast parallel verlaufende Jahresringe auszeichnet (b) und dadurch sehr formstabil ist.

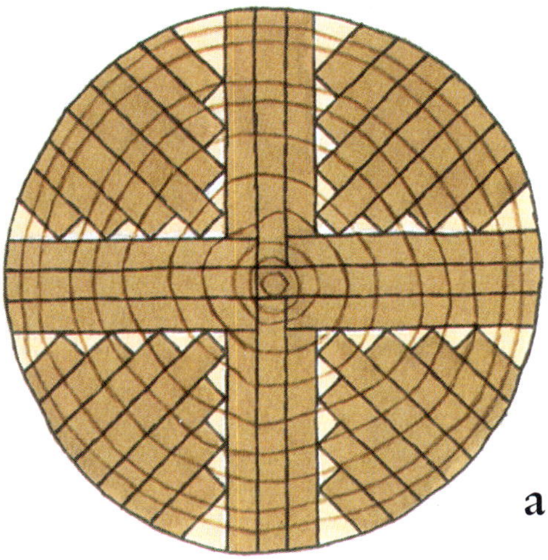

a

b

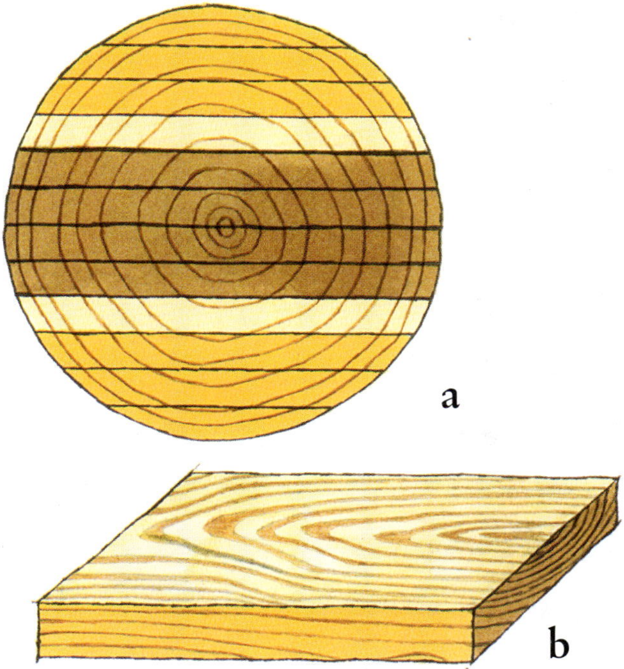

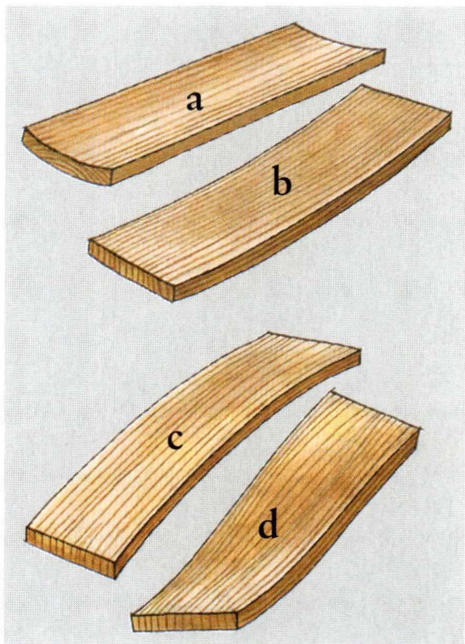

2 Eine andere Technik ist der parallele Schnitt (a) einer Gattersäge. Auch bei dieser Technik gibt es Schnittholz mit stehenden Jahresringen. Je weiter man aber nach außen kommt, desto mehr werden die Jahresringe angeschnitten. Flammenartige Muster sind das Kennzeichen dieser Randbretter (b). Während das Holz mit stehenden Jahresringen stabil ist, muß man bei Randbrettern mit Werfen, Verziehen und Rißbildung rechnen.

3 Frisches Holz enthält einen relativ hohen Prozentsatz Wasser, der in beheizten Räumen mit der Zeit auf etwa 10 Prozent absinkt. Während des Trocknungsprozesses schwindet das Holz, d.h. es zieht sich zusammen – und manchmal verzieht es sich auch. Die Zeichnung zeigt einige Beispiele: „Schüsseln“ (a) heißt diese Art der Verformung von Brettern, die nicht nur im Holzlager, sondern auch beim eingebauten Brett auftreten kann. Verwerfungen (b und c) über die Länge des Brettes, manchmal auch noch einhergehend mit Verformungen der Kanten, sind ebenfalls eine häufig vorkommende Art der Verformung. Solche Bretter kann man durch Hobeln wieder volltauglich machen. Oder man befestigt sie auf einer Unterlage. Regelrecht verdrehte Bretter (d) sind unbrauchbar, da sie sich nicht wieder richten lassen.

4 Beim Trocknungsprozeß kommt es häufig auch zu Rissen. Jeder kleine Riß kann größer werden, wenn das Holz zu schnell trocknet, weil es zum Beispiel extremen Temperaturschwankungen oder sehr trockener Heizungswärme ausgesetzt ist. Achten Sie daher schon beim Kauf von Brettern und Bohlen auf Schwind- und Trockenrisse – in der Fläche ebenso wie an den Enden. Risse an den Enden von Brettern können Sie absägen, um dann wenigstens den Rest noch nutzen zu können.

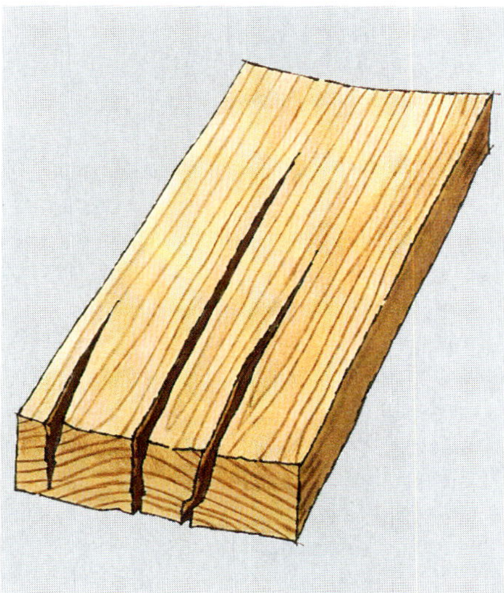

5 Äste im Holz sind unvermeidlich und können sogar sehr dekorativ sein. Man unterscheidet beim Holz zwischen „gesunden“ Ästen (a), die ringsum fest mit dem Holz verwachsen sind und sich eigentlich nur durch ihre andere Struktur und Färbung bemerkbar machen. Bei Latten können solche Äste allerdings die Stabilität schwächen. Mehr als ein Schönheitsfehler sind „tote“ Äste (b), die schon herausgefallen sind oder die man leicht herausziehen kann. Der Fachmann bohrt die Äste aus und flickt die Stelle mit einem sogenannten Astloch-Dübel, einem kleinen Holzplättchen.

6 Extreme Ansammlungen von Harzen zwischen den Holzzellen nennt man Harzgallen. Wenn Sie so ein Stück Holz in die Hand nehmen, haben Sie klebrige Finger. Aber auch Harzgallen, die beim Kauf des Brettes noch fest sind, können später unter Einwirkung von Hitze (Sonne!) aufweichen und dann aus dem Holz tropfen. Es bleiben Löcher im Holz zurück.

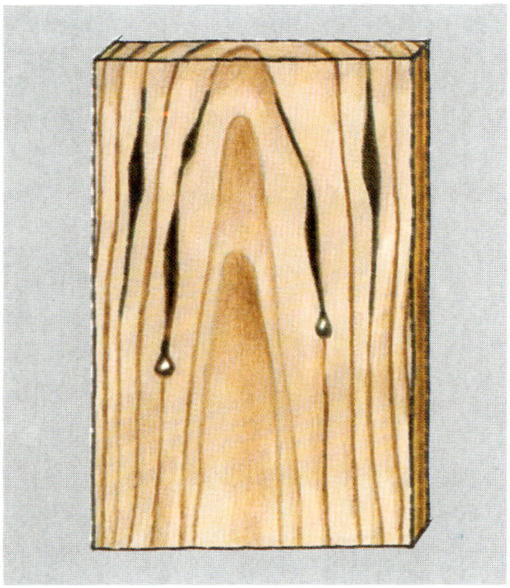

Holz mit sichtbaren Harzgallen sollten Sie auch meiden, weil das Harz die Werkzeuge verklebt. Es läßt sich nur mit Lösemitteln wieder von Hobelmessern und Sägeblättern entfernen.

7 Die „Bläue", erkennbar an einer blauschwarzen Verfärbung von Teilen des Holzes (a), gehört zu den harmlosen Pilzen. Die Verfärbung, die hauptsächlich bei der Kiefer auftritt, ist lediglich ein Schönheitsfehler. Das Holz läßt sich nicht mehr gleichmäßig lasieren. Problematisch sind Rotfärbungen, wiederum ausgelöst durch Pilze (b). Sie können der Beginn einer Rotfäule

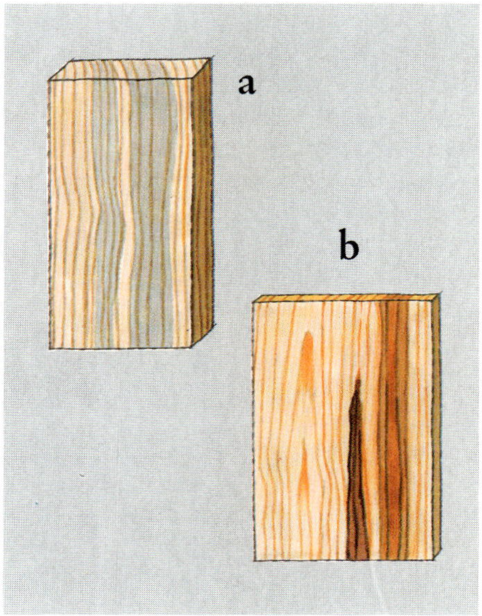

sein, die ebenso wie die Braun- oder Moderfäule zu den holzzerstörenden Pilzen gehört. Da diese Pilze eine Holzfeuchte von mindestens 20 Prozent benötigen, muß man unbedingt der Ursache auf den Grund gehen.

Holzbretter und -platten

Die Vielfalt des Angebots an Holzbrettern und -platten läßt keine Wünsche offen. Im Bau- und Heimwerkermarkt finden Sie Massivholz und Holzwerkstoffe in den verschiedensten Arten, Dicken, Längen und Breiten für jeden Geschmack und Verwendungszweck. Der als Service angebotene Zuschnitt nach Maß erspart Ihnen viel Arbeit und erleichert den Transport Ihrer Holzbretter und -platten.

Massivholz

Massivholz bekommen Sie in Form von Brettern, Bohlen, Balken, Latten und Leisten. Bretter und Leisten sind roh und mit gehobelter Oberfläche erhältlich. Besonders beliebt sind Profilbretter und -leisten mit Nut und Feder, die es dem Heimwerker leicht machen, Wände und Decken individuell mit Holz zu bekleiden. Es gibt sie in verschiedenen Holzarten, Breiten und Längen und mit den unterschiedlichsten Profilierungen und Oberflächen (gehobelt, gebürstet und sandgestrahlt).

Leimholz

Leimholz (Brettschichtholz) ist bei Heimwerkern besonders beliebt, da es sich vielseitig verwenden und gut bearbeiten läßt. Es besteht aus zusammengeleimten Massiv-Holzleisten, ist sorgfältig getrocknet, formstabil, gehobelt und hat meistens eine beidseitig geschliffene Oberfläche. Leimholz gibt es in vielen verschiedenen Plattenformaten und als Balken, in den verschiedensten Holzarten, Qualitäten und Dicken. Dementsprechend unterschiedlich sind auch die Preise. Am preiswertesten ist Leimholz aus

Fichte oder Tanne, härter und etwas teurer aus Kiefer. Besonders edel und entsprechend hochpreisig ist Leimholz aus Buche, Esche, Eiche, Kirsche und Ahorn.

Holzwerkstoffe

Holzwerkstoffe, auch als Holzplatten oder Plattenware bezeichnet, haben gegenüber Massivholz den Vorteil, daß sie nicht mehr oder kaum noch arbeiten. Das wird durch die Verleimung verhindert. Hier die verschiedenen Arten von Holzwerkstoffen:

Sperrholzplatten
bestehen aus in ungerader Zahl (meist drei oder fünf) abwechselnd längs und quer aufeinander geleim-

ten Furnierschichten. Sie werden daher auch Furnierplatten genannt. Durch die wechselseitige Verleimung kann sich das Holz nicht mehr verwerfen. Es ist „abgesperrt“. Allerdings ist es wichtig, daß Sie Vor- und Rückseite von Sperrholz immer gleich behandeln, da sonst einseitige Spannungen auftreten können. Sperrholzplatten gibt es in einfacher Ausführung, mit Echtholzfurnier und kunststoffbeschichtet. Wenn Sie Sperrholzplatten im Außenbereich verwenden, ist eine sorgfältige Oberflächenbehandlung notwendig. Erhältlich sind Sperrholzplatten in Dicken ab 3 mm. Außerdem gibt es Spezial-Sperrholzplatten mit vielen Furnierschichten (bis 50 mm), die vor allem als Arbeitsplatten verwendet werden.

Tischlerplatten
sind wie Sperrholz Mehrschichtplatten. Die Mittellage besteht aus miteinander verleimten Leisten oder Furnierstäbchen, die durch eine auf der Vorder- und Rückseite quer zu den Leisten aufgebrachte Furnierschicht „abgesperrt“ werden. Man unterscheidet block- und stäbchenverleimte Tischlerplatten. Sie sind leicht, aber nicht gerade preiswert. Am teuersten sind stäbchenverleimte Tischlerplatten mit Edelfurnier. Tischlerplatten gibt es in Dicken von 13 bis 32 mm.

Spanplatten
werden aus dem „Abfall“ hergestellt, der bei der Durchforstung und in den Sägewerken beim Zuschnitt von Brettern, Bohlen, Balken und Latten anfällt. Die

maschinell zerkleinerten und getrockneten Holzspäne werden mit Bindemitteln unter hohem Druck und bei hohen Temperaturen zu Platten verschiedener Stärke gepreßt. In die Diskussion gerieten Spanplatten, weil je nach verwendetem Bindemittel unterschiedliche Mengen von Formaldehyd freigesetzt wurden. Heute sind Spanplatten je nach Formaldehyd-Emission mit E 1 , E 2 und E 3 gekennzeichnet. Spanplatten der Klasse E 1 dürfen maximal 0,1 ppm (Parts per Million = Teile pro Million) Formaldehyd enthalten und auch in Wohnräumen unbeschichtet verwendet werden. In diese Kategorie gehören die Spanplatten mit der Typbezeichnung V 20, die nur für den Innenbereich geeignet sind. Es gibt auch formaldehydfreie Spanplatten, insbesondere V 100-Platten für Feuchträume. Zusätzlich mit Holzschutzmitteln behandelte Spanplatten tragen die Typbezeichnung V 100 G. Spanplatten sind preiswert, haben eine glatte Oberfläche, arbeiten und verziehen sich nicht. Im Vergleich zu anderen Holzwerkstoffen haben sie jedoch ein hohes Gewicht, lassen sich schlecht verschrauben und quellen bei zu hoher Feuchte. Mit Nut- und Federprofil sind sie für die schnelle Verlegung von Unterböden, Wänden und Decken ideal. Für den Möbelbau werden vor allem Spanplatten mit Kunststoffbeschichtung oder Echtholz-Furnier verwendet, die es in den verschiedensten Dicken und Formaten gibt.

OSB-Platten
bestehen aus drei Schichten von etwa 4 bis 6 cm langen und 0,6 mm dicken Nadelholz-Schälspänen, die jeweils längs, quer und wieder längs verleimt werden. Durch den Dreischichtaufbau haben die Platten eine hohe Festigkeit und können wie Vollholz bearbeitet werden. Es gibt sie geschliffen und ungeschliffen. Die helle, durch die breiten Späne interessant strukturierte Oberfläche

kann gebeizt, gestrichen, lasiert und mit Wachs behandelt werden. Die Platten sind in unterschiedlichen Formaten und Dicken (auch als Verlegeplatten mit Nut und Feder) erhältlich und für Trennwände, Wandverkleidungen, Fußböden etc. geeignet. Da es sich um V 100 Platten der Emissionsklasse E 1 (siehe Spanplatten) handelt, können sie sowohl im Innen- als auch im Außenbereich verwendet werden.

Faserplatten
werden aus aufgeweichten Holzfasern hergestellt, die unter hohem Druck zu Platten gepreßt werden. Die Oberseite ist glatt, während die Unterseite meist gitterförmig genarbt ist. Man unterscheidet Hart-, Weich- und Mitteldichte (Abkürzung MDF) Faserplatten. Die vor allem für Rück- und Trennwände verwendeten Hartfaserplatten gibt es unbehandelt, lackiert, furniert, kunststoffbeschichtet und auch gelocht. Die in verschiedenen Dicken erhältlichen MDF-Platten sind geeignet für Regale und Schränke, während Weichfaserplatten besonders gute Dämmeigenschaften haben.

Holzverbundplatten
bestehen aus der Kombination verschiedener Holzwerkstoffe untereinander wie zum Beispiel Furnierspanplatten oder der Kombination von Holzwerkstoffen mit anderen Materialien. Dazu gehören Hartfaser- oder Spanplatten mit speziellen Beschichtungen von Oberflächen und Kanten, die vor allem für Fensterbänke und als Arbeitsplatten verwendet werden.

Mit Holz arbeiten

Es ist kein Zufall, daß Kinder ihre ersten handwerklichen Erfahrungen mit Holz machen. Kein anderes Material läßt sich so gut, einfach und vielseitig bearbeiten. Und das auch ohne großen Aufwand an kostspieligen Spezialwerkzeugen. Wer bereits gehobeltes, geschliffenes und zugeschnittenes Holz verwendet, kommt mit ganz normalem Handwerkszeug aus. Entscheidend ist, daß Ihnen die Arbeit Spaß macht und Sie mit dem Ergebnis zufrieden sind.

Mit der Grundausstattung Ihres Werkzeugkastens besitzen Sie bereits einen Großteil der für Holzarbeiten benötigten Werkzeuge wie Hammer, Schraubendreher, Zange, Zollstock, Bohrmaschine, Fuchsschwanz und Bogensäge. Was Sie darüber hinaus noch benötigen, hängt weitgehend vom Umfang und Schwierigkeitsgrad der geplanten Arbeiten ab.

Nicht so schön wie eine Hobelbank aus massivem Holz, aber platzsparender, preiswerter und ebenso zweckmäßig ist eine zusammenklappbare Werkbank mit Spannvorrichtungen. Sie läßt sich problemlos dorthin transportieren, wo Sie genug Platz und Licht zum Arbeiten haben.

Nützliche Helfer sind Schraubzwingen zum Spannen, Halten und Pressen, die es in den verschiedensten Arten und Größen gibt. Uni-

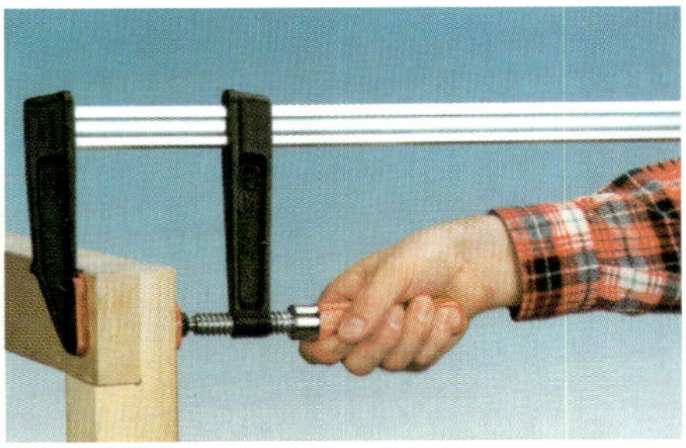

versell einsetzbar und auch für Holzarbeiten gut geeignet sind Tempergußschraubzwingen, sofern sie mit Kunststoff-Schonkappen zum Schutz vor Druckstellen ausgestattet sind. Wichtig ist, daß die Bügel fest auf der Schiene sitzen, sich der bewegliche Bügel leicht verschieben läßt und beim Abkanten direkt festklemmt. Wenn Sie einen alten Tisch als Werkbank benutzen, können Schraubzwingen die fehlende Spannvorrichtung ersetzen.

Sägen mit der Hand

Das wichtigste Handwerkszeug bei der Holzbearbeitung ist die Säge. Wer nur ab und zu ein paar Bretter oder Platten kürzt, kommt mit der Bogensäge und dem Fuchsschwanz, mit dem sich auch dickere Bretter und Platten zuschneiden lassen, aus. Wichtig ist, daß die Zähne scharf sind. Wenn die Säge keine gehärteten Zähne (sie bleiben länger scharf) hat, muß sie ab und zu nachgeschärft werden.

Für Platten mit Furnier oder Kunststoffbeschichtung sollten Sie nur feingezahnte Sägen (Fuchsschwanz, Fein- oder Furniersäge) verwenden. Die Sichtseite nach oben legen, die Schnittlinie mit dem Lineal markieren, mit einem scharfen Messer anritzen und die Säge nicht zu schräg führen. Auch für Leisten und Profile sind Furnier- und Feinsägen am besten geeignet. Ebenfalls die Sichtseite nach oben legen, da die Holzfasern nach unten ausreißen.

Für runde Ausschnitte brauchen Sie eine Stichsäge. Um die Säge ansetzen zu können, vorher innerhalb des Kreises nahe der markierten Linie ein Loch in der Größe der Sägeblattspitze bohren.

Der hakenförmig gebogene (gekröpfte) Griff dieser Feinsäge ermöglicht das Sägen an schwer erreichbaren Stellen. So können Sie beispielsweise nicht mehr benötigte Holzdübel entfernen.

Schneidladen, auch Gehrungsladen genannt, garantieren den exakten Zuschnitt von Leisten und Profilen sowohl rechtwinklig als auch im Winkel von 45 ° rechts bzw. links. Am besten geeignet ist dafür eine Rückensäge.

Elektrisch sägen

Wenn Sie zu den fortgeschrittenen Heimwerkern gehören, die sich auch an größere und kompliziertere Projekte wagen, lohnt sich die Anschaffung einer elektrischen Stich- und eventuell auch Handkreissäge. Sie arbeiten schneller und präziser als Handsägen.

Stichsägen
gibt es in vielen Preislagen. Bei Stichsägen mit elektronischer Steuerung läßt sich die Hubzahl stufenlos dem jeweiligen Material anpassen. Mit hohen Hubzahlen werden Massivholz und Spanplatten bearbeitet, mit mittleren Kunststoffe und Sperrholz und mit niedrigen Metall. Mit einer zusätzlichen Pendelhub-

einrichtung sägen Sie schneller. Bei empfindlichen Materialien sollte sie allerdings abgeschaltet werden. Letztlich entscheidend für die Qualität des Schnitts ist die Wahl des richtigen Sägeblatts für das jeweilige Material. Spezielle Sägeblätter gibt es für Kurvenschnitte und Konturen. Sie sind extrem schmal. Wichtig: Holzbretter und -platten immer mit der Sichtseite nach unten legen, da die Holzfasern nach oben ausreißen. Bei beschichteten Platten, die besonders leicht ausreißen, die Schnittlinie mit durchsichtigem Klebeband abdecken. Kontrollieren Sie, ob das Sägeblatt fest eingespannt und unter dem Werkstück genügend Platz ist, und schalten Sie das Gerät grundsätzlich erst ein, wenn das Sägeblatt an der entsprechenden Schnittstelle ist.

PRÜFSTELLEN-ZEICHEN
GS
geprüfte Sicherheit

Sicherheit

Achten Sie beim Kauf von Elektro-Werkzeugen auf das GS-Zeichen (geprüfte Sicherheit), und lesen Sie sorgfältig die Sicherheitshinweise und Bedienungsanleitungen der Geräte. Damit ersparen Sie sich nicht nur Ärger, sondern vor allem schmerzhafte Erfahrungen. Stellen Sie sicher, daß die Anschlußleitungen beim Einsatz der Geräte nicht beschädigt werden können, überlassen Sie Reparaturen dem Fachmann und ziehen Sie auch in Arbeitspausen den Netzstecker heraus.

Handkreissägen
bewähren sich, wenn es um lange, gerade, exakte Schnitte geht. Achten Sie beim Kauf darauf, daß das Gerät eine ausreichende Schnitt-Tiefe hat. Berücksichtigen Sie dabei, daß die Schnitt-Tiefe bei Gehrungsschnitten durch die Schrägstellung deutlich geringer ist. Ganz besonders wichtig ist gerade bei Handkreissägen der Sicherheitsaspekt, da sie zu den unfallträchtigsten Geräten gehören. Vergewissern Sie sich, daß die Handkreissäge einen Spaltkeil, eine bewegliche Schutzhaube (Pendelhaube) und eine Einschaltsperre hat.

Auch bei der Handkreissäge spielt die Qualität der Sägeblätter eine wichtige Rolle. Für die meisten Materialien – Harthölzer, Trägerplatten, beschichtete Platten und Kunststoffe – sind hartmetallbestückte Sägeblatter geeignet. Stahlsägeblätter können Sie für Weichhölzer, Dämm- und Schaumstoffe verwenden. Achten Sie beim Einsetzen darauf, daß die Pfeilrichtung auf Sägeblatt und Gehäuse übereinstimmt. Gerade Schnitte parallel zur Außenkante ermöglicht der Parallelanschlag. Bei großen Platten ist eine Führungsschiene nützlich, die als Zubehör für verschiedene Kreissägen angeboten wird. Wie bei der Stichsäge werden auch bei der Handkreissäge Bretter und Platten immer mit der Sichtseite nach unten gelegt.

Lochsäge

Kreisrunde Löcher beispielsweise für Steckdosen und Schalter sägen Sie einfacher, schneller und gleichmäßiger mit der Lochsäge, die Sie als Einsatz für Ihre Bohrmaschine komplett mit Sägekränzen in verschiedenen Durchmessern bekommen.

Hobeln

Bei dem heutigen Holzangebot im Bau- und Heimwerkermarkt kommt der Hobel meist nur noch zum Einsatz, um Kanten zu bearbeiten. Und da ist fast immer ein klassischer Handhobel ausreichend, den es in unterschiedlichen Ausführungen und Breiten gibt. Ein Elektrohobel lohnt sich nur, wenn große Flächen gehobelt werden müssen.

Während aus der Sohle des Handhobels nur eine Klinge herausragt, hat der Elektrohobel zwei Messer, um Span für Span abzutragen. Ob manuell oder elektrisch – Hobeln ist eine Kunst, die viel Übung erfordert. Grundvoraussetzung ist immer, daß die Messer sauber, scharf und richtig eingestellt sind, das Werkstück nicht größer ist als das Messer und das Gerät bei geringer Spantiefe vorsichtig über

das Holz geführt wird, damit keine Riefen entstehen. Auf jeden Fall erst einmal ausgiebig an Probestücken üben, bis Sie mit dem Ergebnis zufrieden sind.

Schleifen

Vor der Oberflächenbehandlung kommt der letzte Schliff. Kleinere Flächen lassen sich mit dem traditionellen Schleifklotz aus Kork und Schleifpapier oder mit einem handlichen Schmirgler und der Handfeile glätten. Bei größeren Flächen sollten Sie jedoch die Errungenschaften der Technik nutzen, die früher den Profis vorbehalten waren. Mit elektrischen Schleif-

maschinen sind auch große Oberflächen ohne Kraftakt und Schweiß zu bewältigen.

Staub

Wo gehobelt wird, fallen Späne. Späne und Staub sind eine Gesundheitsgefahr, die von vielen unterschätzt wird. Viele Elektro-Werkzeuge werden bereits mit integrierter Staubabsaugung oder Anschlußmöglichkeit für einen Staubsauger angeboten. Tragen Sie bei staubigen Arbeiten eine Schutzbrille und möglichst auch einen Atemschutz.

Wenn möglich, im Freien arbeiten oder zumindest für gute Belüftung sorgen. Staub schadet aber nicht nur der Gesundheit, sondern auch den Werkzeugen. Die sorgfältige Reinigung und Pflege der Geräte erhöht die Haltbarkeit und Sicherheit.

Der Schwingschleifer,
auch Sander genannt, ist handlich und ideal für den Feinschliff. Die kreisförmigen Schwingungen des Schleiftellers hinterlassen kaum Spuren. Die Oberfläche sieht fast aus wie handgeschliffen. Voraussetzung ist, daß Sie das Gerät mit nur leichtem Druck in geraden Bahnen immer in Richtung der Holzmaserung führen.

Der Bandschleifer
bewährt sich bei großflächigen und gröberen Schleifarbeiten. Er trägt schnell viel Material ab. Damit es nicht zuviel wird, sollte man das Gerät mit Gefühl einsetzen und jeden Druck vermeiden. Er könnte häßliche Spuren hinterlassen. Bei Geräten mit elektronischer Drehzahlsteuerung kann die Bandgeschwindigkeit dem Material entsprechend eingestellt werden. Wärmeempfindliche Materialien wie Kunststoff immer nur mit niedriger Drehzahl schleifen. Für einen gleichmäßigen Materialabtrag sorgt ein aufsetzbarer Schleifrahmen. Kleinere Werkstücke lassen sich leichter und bequemer bearbeiten, wenn Sie den Bandschleifer an der Werkbank montieren – entweder mit Schraubzwingen oder einem speziellen Untergestell. Beim Einspannen des Schleifbandes auf die aufgedruckte Laufrichtung achten!

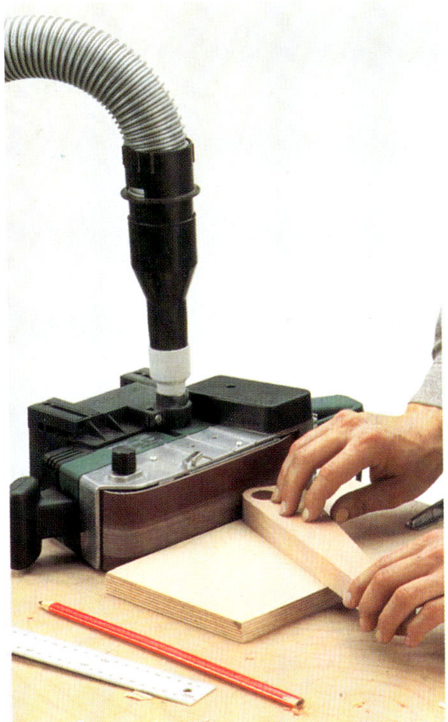

Der Exzenterschleifer
trägt mehr Material ab als der Schwingschleifer und weniger als der Bandschleifer. Er ist damit sowohl für den Feinschliff als auch für gröbere Arbeiten geeignet. Die Raffinesse dieses Geräts liegt in den rotierenden und exzentrischen Schleifbewegungen, die ein besonders gutes Schliffbild ergeben. Mit dem Exzenterschleifer lassen sich auch gewölbte Flächen problemlos bearbeiten.

Drechseln

Zum Drechseln brauchen Sie nicht unbedingt eine Drechselbank. Wenn Sie zum Beispiel nur kleine Räder für Holzspielzeug formen wollen, können Sie Ihre Bohrmaschine mit einer Drechseleinrichtung kombinieren.

Wenn das Drechseln allerdings zum Hobby wird, lohnt sich die Anschaffung einer Drechselbank, die ungeahnte Möglichkeiten bietet, eigene Ideen kreativ umzusetzen. Eine ruhige Hand, Sorgfalt und scharfes Werkzeug sind die Basis des Erfolgs.

Fräsen

Holz individuell verzieren, profilieren und nuten – das alles können Sie mit Fräsern, die Sie als Einsatz für Ihre Bohrmaschine in vielen Variationen bekommen. Weniger mühsam, wesentlich vielseitiger und präziser lassen sich individuelle Vorstellungen mit der Oberfräse verwirklichen, die mit dem reichhaltigen Angebot an Fräsköpfen nahezu unbegrenzte Einsatzmöglichkeiten bietet. Wenn Sie

Schränke, Regale, Schubladen etc. bauen, sorgt die Oberfräse für die profimäßige Holzverbindung mit Schwalbenschwanz, Nut und Feder, Dübel, Zapfen und Zinken. Die Abbildungen zeigen Ihnen die wichtigsten Fräsertypen und die Vielfalt der Fräsbilder von der Nut bis zu kunstvollen Kantenverzierungen.

Fräser gibt es nicht nur in allen Variationen, sondern auch in unterschiedlichen Qualitäten. Mit HM-(hartmetallbestückten) Fräsern können Sie Holz, alle Holzwerkstoffe, Kunststoff und Aluminium bearbeiten. Wesentlich preiswerter sind HSS- (Hochleistungs-Schnellschnittstahl)-Fräser, die jedoch nur für Weichholz geeignet sind. Bewahren Sie Fräser sorgfältig auf, da die Schneiden sehr empfindlich sind. Nach der Benutzung Holzstaub und Harz vorsichtig mit Petroleum entfernen. Fräser mit Kugellager nicht in Petroleum tauchen, sondern mit dem Pinsel reinigen.

1 Nutfräser gibt es in verschiedenen Durchmessern.

2 Hohlkehlfräser werden für halbrunde Nuten und zur Kantenprofilierung benutzt.

3 Hohlkehlfräser mit Anlaufzapfen für die Kantenbearbeitung.

4 Viertelstabfräser zur Abrundung von Kanten.

5 Viertelstabfräser mit Kugellager für die Kantenbearbeitung.

6 V-Nutfräser für Nuten mit abgeschrägten Kanten.

7 Schriftfräser für Zierlinien und Schriften.

8 Grat-/Zinkenfräser für Gratnuten bzw. -federn und zum Zinkenfräsen.

9 Fasefräser mit Anlaufzapfen zur Bearbeitung von Plattenkanten.

10 Kantenfräser mit Kugellager zum Bündigfräsen von Plattenbeschichtungen.

11 Falzfräser mit Anlaufzapfen zur Herstellung von Falzen.

12 Bohrfräser zum kantenbündigen Fräsen von beschichteten Platten.

13 Profilfräser mit Anlaufzapfen für Kantenverzierungen gibt es in vielen Profilkombinationen.

14 Je nach Form des Profils lassen sich individuelle Muster erzielen.

15 Scheiben-Nutfräser zur Herstellung von schmalen Nuten.

Holzteile verbinden

Auch der Heimwerker hat heute alle Möglichkeiten, seine Holzteile nicht nur fest, sondern auch optisch schön miteinander zu verbinden. Selbst bei einem einfachen Kellerregal gibt es Alternativen zur altbewährten Methode mit Hammer und Nagel. Neben der späteren Funktion und Beanspruchung spielt auch das verwendete Material eine Rolle. Und nicht zuletzt kommt es auf Ihre handwerklichen Fähigkeiten an sowie die Zeit und Mühe, die Sie investieren wollen.

Nageln

Die mit Abstand einfachste und schnellste Verbindung ist das Nageln. Wenn Sie viel nageln müssen, bewährt sich ein sogenannter Latt- oder Klauenhammer, mit dem Sie Nägel nicht nur einschlagen, sondern auch wieder herausziehen können. Bei weichen Hölzern sollten die Nägel eine Länge haben, die mindestens der doppelten Dicke des Holzes entspricht.

Haltbarer ist die Verbindung, wenn Sie die Nägel nicht ganz gerade, sondern schräg einschlagen – abwechselnd nach links und rechts. Massivholz spaltet sich nicht so leicht, wenn Sie die Nägel vorher „stauchen“: Den Nagel mit dem Kopf auf eine feste Unterlage stellen und dann mit einem Hammerschlag die Spitze abplatten.

Verleimen und kleben

Die meisten Holzverbindungen werden erst durch die Verleimung haltbar. Auch bei der Verwendung von Nägeln sollten Sie die zu verbindenden Teile zunächst einseitig (bei Hartholz beidseitig) dünn mit Holzleim bestreichen und dann mit Nägeln fixieren.

Bei kleineren Teilen können Sie auf zusätzliche Befestigungen durch

Nägel und Schrauben verzichten. Voraussetzung ist, daß Sie die Teile sofort mit Klemm- oder Schraubzwingen fest zusammenpressen, bis der Leim trocken ist.

Sehr kurz ist die Trockenzeit bei Expreßleim. Zum Zusammenfügen von lackierten und kunststoffbeschichteten Brettern und Platten Spezialleim und für Holz, das für den Außen- oder Feuchtbereich (Bad oder Küche) bestimmt ist, wasserfesten Holzleim verwenden. Eventuell austretenden Leim immer sofort mit einem feuchten Tuch abwischen.

Zum Verbinden kleiner Holzteile ist die Klebepistole gut geeignet. Der Klebstoff wird in Form eines Sticks von hinten in das Gerät hineingeschoben und auf 150 bis 200 Grad

erhitzt. Je nach Gerät wird die Klebepatrone per Daumendruck, mechanisch oder vollelektronisch vorgeschoben. Mit der Klebepistole läßt sich der Kleber punktgenau und sauber dosieren. Ein weiterer Vorteil: Heiß geklebte Verbindungen müssen nicht fixiert werden und sind schon nach wenigen Minuten fest und belastbar.

Tackern

Eine schnelle Methode, zum Beispiel Decken und Wände mit Holz zu bekleiden oder Rückwände an Schränken und Regalen anzubringen, ist das Tackern. Allerdings benötigen Sie dazu einen Elektrotacker mit entsprechender „Munition“. Für viele Befestigungsprobleme einsetzbar sind Geräte mit „Nase“, die Klammern und Nägel unterschiedlicher Breite und Länge auch in Nuten schießen.

Bei fast allen Elektrotackern können Sie die Schlagkraft dem Material entsprechend regulieren. Achten Sie darauf, daß das Gerät eine Auslösesperre hat, die unbeabsichtigtes Tackern verhindert.

Schrauben

Die Verbindung mit Schrauben ist nicht nur sehr haltbar, sondern auch jederzeit wieder lösbar. Spezielle Holzschrauben gibt es in den unterschiedlichsten Längen und Durchmessern aus Stahl, Messing und Aluminium mit Rundkopf und Senk- bzw. Flachkopf. Rundkopfschrauben bleiben sichtbar und

können als dekoratives Element eingesetzt werden, während Senkkopfschrauben bündig mit der Holzoberfläche abschließen.

Am einfachsten lassen sich – vor allem bei Verwendung von Bohrmaschine oder Elektroschrauber – Schrauben mit Kreuzschlitz eindrehen. Für Spanplatten nur spezielle Spanplattenschrauben (Spaxschrauben) mit durchgehendem Gewinde verwenden. Den

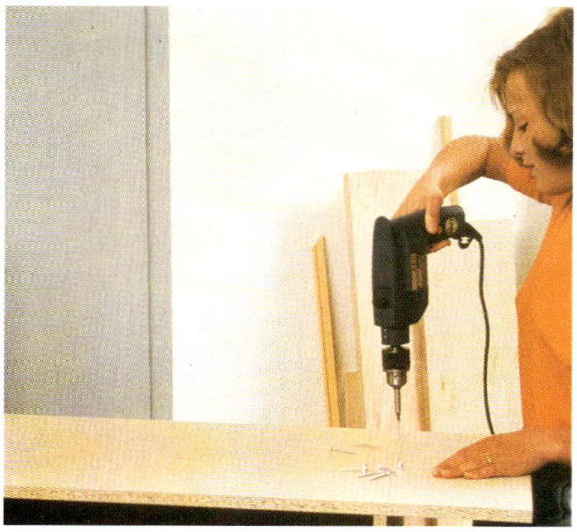

Kopf der Schrauben können Sie mit Kunststoffkappen, die es in verschiedenen Farben gibt, abdecken. Darüber hinaus sind Spezialschrauben verschiedenster Art wie zum Beispiel Verbindungsschrauben erhältlich.

Wichtig ist, daß Schraube und Schraubendreher bzw. Schrauber-einsatz immer exakt zueinander passen. Damit das Holz nicht ausreißt, das Loch vorbohren. Das gilt insbesondere für kunststoffbeschichte und Spanplatten. Versenker (in verschiedenen Größen mit Handgriff und als Einsatz für die Bohrmaschine erhältlich) sorgen dafür, daß auch größere Schraubköpfe bündig mit der Oberfläche abschließen.

Bei umfangreicheren Arbeiten sind kombinierte Bohrer und Versenker praktisch, die Ihnen einen Arbeitsgang ersparen. Und hier noch ein Tip, wenn sich Schrauben schwer eindrehen lassen: Geben Sie etwas Seife an die Schraubenspitze.

Metall- und Kunststoffverbinder

Wenn es nicht so sehr auf Schönheit, sondern nur auf Stabilität ankommt, finden Sie im Bau- und Heimwerkermarkt eine Vielzahl von Stuhl- und Verbindungswinkeln aus Metall, die sich einfach mit Schrauben befestigen lassen.

Groß ist auch das Angebot an speziellen Verbindungselementen aus Metall und Kunststoff, die hauptsächlich für Spanplatten verwendet und ebenfalls einfach mit Schrauben montiert werden.

Rund- und Flachdübel

Mit geriffelten Holzdübeln können Sie Bretter und Platten in allen Positionen unsichtbar verbinden.

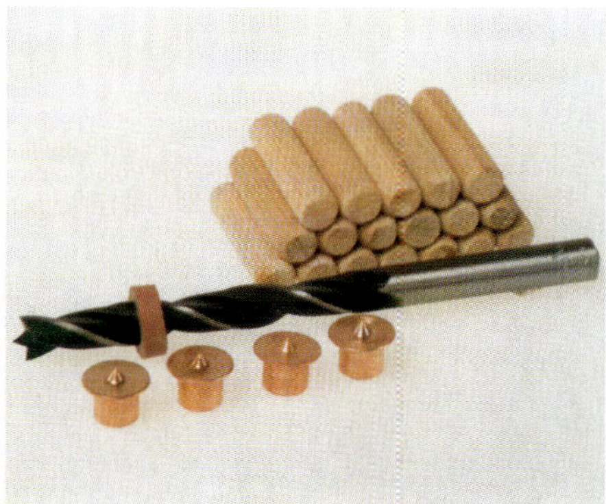

Holzdübel bekommen Sie im Bau- und Heimwerkermarkt im Durchmesser von 6, 8 und 10 mm. Entscheidend für die Wahl der Dübel ist die Brettdicke

Vor allem bei Spanplatten müssen Sie einen ausreichenden Abstand zur Kante berücksichtigen.

Zum Bohren benötigen Sie einen Holzbohrer im Durchmesser des Dübels mit Zentrierspitze und einen Tiefenstop, den Sie jedoch notfalls auch durch um den Bohrer gewickeltes Krepp- oder Klebeband ersetzen können. Wichtig ist, daß Sie den Tiefenanschlag (bei unsichtbarer Verbindung die halbe Dübeltiefe) regelmäßig kontrollieren und die Löcher exakt senkrecht bohren. Gute Dienste leistet dabei ein Bohrständer, in den Sie die Bohrmaschine einspannen können.

Sehr nützlich sind zum Dübel passende Dübelmarker aus Metall: In die bereits gebohrten Löcher der ersten Holzplatte stecken, das nächste Teil Kante auf Kante aufsetzen und leicht anklopfen. So werden durch die Zentrierspitzen die entsprechenden Dübellöcher auf dem nächsten Teil markiert. Die Dübelmarker wieder entfernen und Dübel einsetzen. Nun die markierten Löcher des anderen Teils bohren, Kante, Löcher und Dübel einseitig mit Holzleim bestreichen, beide Teile fest zusammenfügen und möglichst mit Schraubzwingen zusammenpressen, bis der Leim trocken ist.

Eine andere praktische Hilfe bei Eck-, T- und Flächenverbindungen durch Holzdübel sind Dübellehren, die es in verschiedenen Ausführungen und Preislagen gibt. Sie garantieren die absolut exakte Bohrung ohne Bohrständer. Die Anschaffung einer Dübellehre lohnt sich, wenn Sie beispielsweise ein großes Regal bauen und viele Teile unsichtbar miteinander verbinden wollen. Beachten Sie immer genau die beiliegenden Bedienungsanleitungen.

Wenn Sie eine Oberfräse mit Kopiereinsatz besitzen, können Sie Dübellöcher mit Hilfe einer Schablone auch serienweise herstellen: Auf einem 8 mm dicken Sperrholzbrett den Abstand der Dübel markieren und dort Löcher mit einem Durchmesser bohren, der dem Außendurchmesser des Kopiereinsatzes entspricht. Wird nun diese Schablone auf dem Werkstück mit Schrauben oder Schraubzwingen befestigt, brauchen Sie nur noch den Kopiereinsatz in die Bohrungen der Schablone zu stecken und können dann ganz präzise Loch für Loch fräsen.
Zu den Holzdübeln passende Nutfräser (Durchmesser 6 bzw. 8 mm) verwenden und mit niedrigster Drehzahl arbeiten.

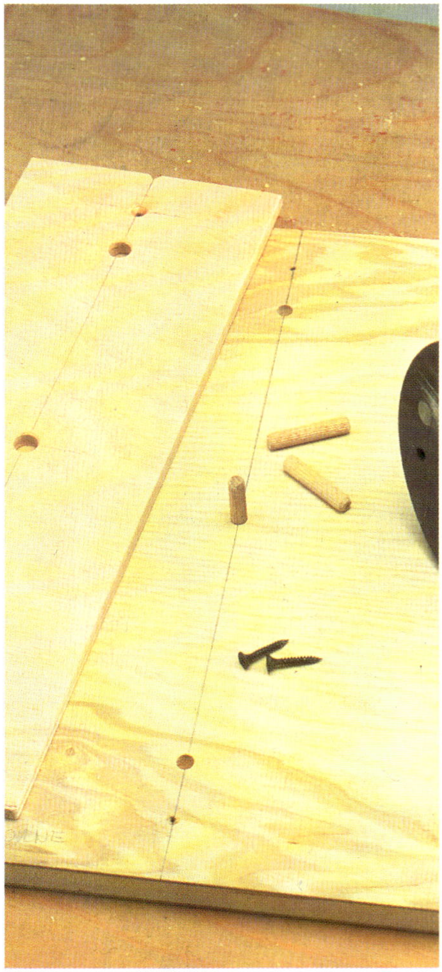

Dübel müssen aber keineswegs immer rund sein. Im Bau- und Heimwerkermarkt bekommen Sie auch Flachdübel – ovale Holzplättchen – in verschiedenen Größen. Diese Dübeltechnik sorgt durch die größere Leimfläche für noch mehr Stabilität. Die für Flachdübel notwendigen Schlitze können Sie in die zu verbindenden Teile sägen oder fräsen. Für kleine Arbeiten reicht eine Schlitzsäge, die Sie als Einsatz für Ihre Bohrmaschine bekommen. Für umfangreichere Arbeiten brauchen Sie einen Fräsvorsatz, den es für Bohrmaschinen und Einhand-Winkelschleifer gibt, oder eine Fräse.

Nut und Feder

Noch mehr Leimfläche und damit Stabilität bietet die klassische Nut- und Feder-Verbindung. Dazu werden mit dem Scheibennutfräser Schlitze (Nuten) in die zu verbindenden Teile gefräst, in die dann zum Beispiel Sperrholzstreifen in entsprechender Dicke und Länge als Verbindungselement (Feder) eingeleimt werden. Problemlos läßt sich die Nut- und Feder-Verbindung mit der Oberfräse herstellen. Bei den für Wandbekleidungen verwendeten Profilbrettern sowie bei Fertigparkett- und Landhausdielen sind Nut und Feder bereits vorgefertigt.

Schwalbenschwanz

Sehr belastbar ist die wegen ihrer Form auch Schwalbenschwanz genannte Gratverbindung. Der Grat wird ebenso wie der dazu passende Zinken mit dem Grat- und Zinkenfräser gearbeitet. Da der Schwalbenschwanz großen Zugbelastungen standhält, ist diese Verbindung vor allem für Schubladen und Trennwände ideal.

Überplattung

Für einfache Holzkonstruktionen ist die Überplattung geeignet: Die Holzdicke beider Leisten wird jeweils um die Hälfte reduziert, so daß sie anschließend bündig ineinanderpassen. Tiefe und Breite des notwendigen Ausschnitts genau mit dem Bleistift markieren und dann mit Feinsäge und Stecheisen sauber ausarbeiten. Leim auftragen, die Leisten zusammenfügen und eventuell zusätzlich vernageln oder verschrauben.

Schlitz und Zapfen

Für die feste Verbindung von Balken und Leisten sorgen Schlitz und Zapfen: An dem einen Teil wird mit Säge und Stechbeitel ein Zapfen herausgearbeitet, der dann genau in den Schlitz des anderen Teils passen muß. Bei der Herstellung des Schlitzes hilft folgender Trick: Entlang des markierten Umrisses so dicht wie möglich mit der Bohrmaschine Löcher bohren. So läßt sich der Schlitz leichter ausstemmen.

Schwalbenschwanz- und Fingerzinken

Am stabilsten und vor allem bei edlem Holz sehr dekorativ ist die klassische Verbindung mit Schwalbenschwanz- oder Fingerzinken. Die große Leimfläche der ineinandergreifenden Finger bzw. Schwalbenschwänze sorgt dafür, daß Schubladen nicht auseinanderfallen und an selbstgebautem Holzspielzeug noch die Enkelkinder Freude haben.

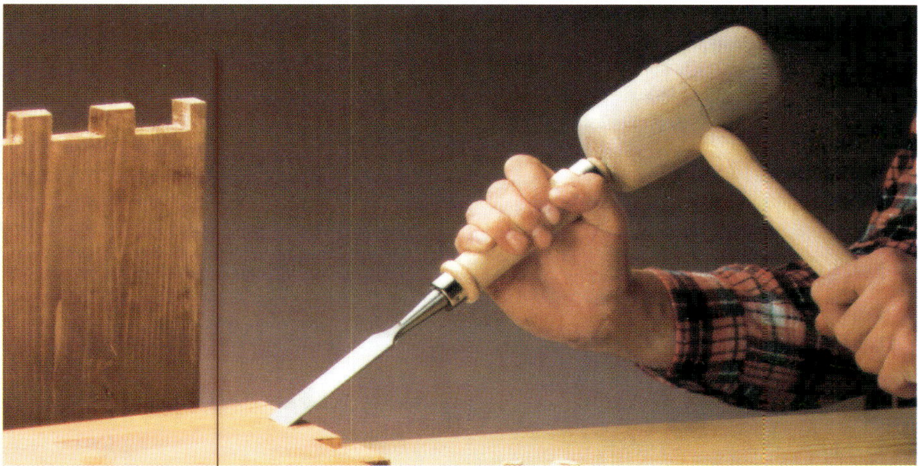

Traditionell mit Feinsäge und Stechbeitel hergestellt, erfordern Schwalbenschwanz- und Fingerzinken viel Sorgfalt und Geduld. Eine wichtige Voraussetzung sind genaues Messen und Anreißen sowie gutes und scharfes Werkzeug.

Weniger mühsam und zeitaufwendig ist die Herstellung von Schwalbenschwanz- und Fingerzinken mit Hilfe der Bohrmaschine und einer Zinkenfräse.

Am einfachsten und schnellsten lassen sich Zinken mit der Oberfräse und entsprechender Zinkenfräse herstellen. Die Zinken werden an beiden Werkstücken in einem Arbeitsgang gefräst. Mit dieser Technik sind auch halbverdeckte Zinkungen möglich.

Möbelgriffe und Scharniere

Wer Klappen oder Türen öffnen bzw. schließen will, braucht Scharniere und Möbelbeschläge. Und die gibt es im Bau- und Heimwerkermarkt nicht nur in verschiedenen Materialien, sondern auch unzähligen Varianten, was Funktion, Design und Farbe betrifft. Die Entscheidung müssen Sie vor der Oberflächenbehandlung Ihres Möbelstücks treffen, da Scharniere und Beschläge fast immer in das Holz eingelassen werden.

Für die Montage benötigen Sie Schraubendreher, Bohrmaschine mit Forstner- bzw. Scharnierlochbohrer und ein Stecheisen. Nehmen Sie genau Maß und benutzen Sie einen Bohrständer, damit sich Türen und Klappen später wirklich einwandfrei öffnen und schließen lassen. Nach der Montage die Funktion genau überprüfen und vor Behandlung der Oberfläche Scharniere und Beschläge wieder entfernen. Das ist zwar ein bißchen mühsam, bewahrt Sie aber davor, daß Sie die behandelte Oberfläche durch später notwendige Korrekturen beschädigen.

Möbelgriffe und -knöpfe

Ob aus unbehandeltem oder lackiertem Holz, aus Messing, Metall oder aus Kunststoff – Möbelgriffe und -knöpfe gibt es passend zu jedem Material und jeder Stilrichtung.

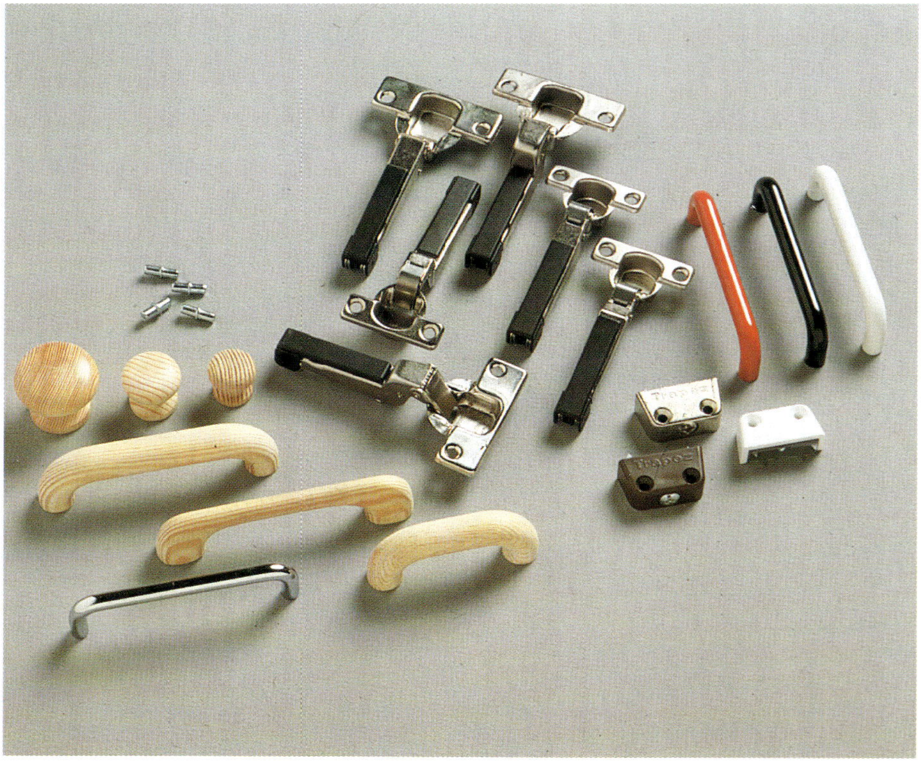

1 Am einfachsten sind Möbelknöpfe und -griffe zu montieren, die lediglich mit Schrauben und Muttern befestigt werden.

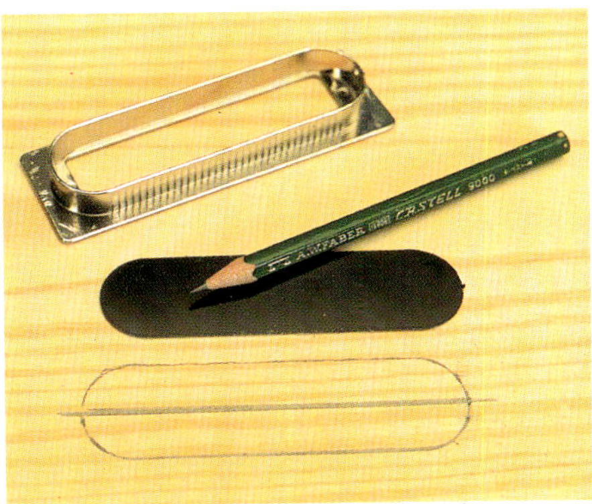

2 Arbeitsintensiver ist die Montage von Muschelgriffen, die in das Holz eingelassen werden. Zunächst den Umriß des Beschlagsunterteils genau übertragen.

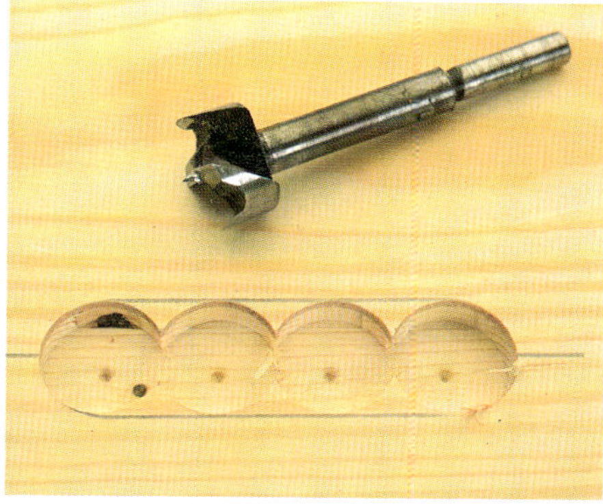

3 Mit einem Forstnerbohrer in entsprechendem Durchmesser die Aussparung so weit wie möglich herausarbeiten.

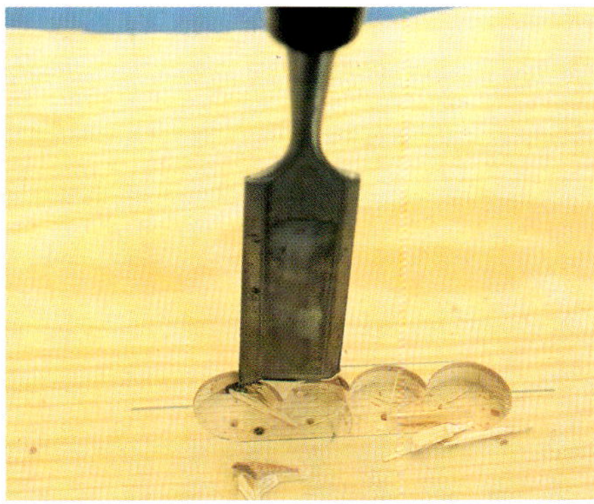

4 Die kleinen Stege zwischen den Bohrungen vorsichtig mit dem Stecheisen entfernen und die Aussparung anschließend mit einer Raspel oder Sandpapier glätten.

5 Dann den Griff mit dazugehöriger Bodenplatte in die Aussparung einlassen und eventuell vorsichtig mit dem Hammer (ein Stück Holz unterlegen) festklopfen.

6 Sehr sauber lassen sich Aussparungen für Muschelgriffe und Scharniere mit Hilfe der Oberfräse und einer Schablone aus Sperrholz herstellen.

Scharniere

Der Fachmann unterscheidet zwischen Bändern und Scharnieren. Bei Bändern können die Türelemente ausgehängt werden, bei Scharnieren nicht.

1 Nur auf beide Möbelteile aufgeschraubt werden einfache Möbelscharniere und -bänder sowie Stangenscharniere (auch Klavierbänder genannt).

2 Einbohr-Klappenscharniere, die auch für kleine Türen geeignet sind, gibt es aus Metall und Kunststoff in verschiedenen Farben. Für die Montage sind exakte Bohrungen (Schablone liegt den Packungen bei) mit dem Scharnierloch- bzw. Forstnerbohrer in entsprechender Topfgröße im Boden- und Klappenteil notwendig.

3 Das durch einen Gelenkstift verbundene Klappenscharnier kantengenau in die Bohrung einsetzen und festschrauben. Für schwere Klappen gibt es Scharniere mit Feder. Sie halten die Klappe in jeder Position fest und machen damit Klappenstützen überflüssig.

4 Topfscharniere für vorliegende Türen gibt es aus Metall und kombiniert mit Kunststoff in verschiedenen Ausführungen, Durchmessern und Farben. Das Loch in Topfgröße genau nach Schablone in die Türinnenseite bohren und den Topf mit Schrauben befestigen.

5 Die Montageplatte zur Befestigung des Scharnierarms wird ebenfalls genau nach beiliegender Schablone im Schrankkorpus aufgeschraubt.

6 Den schwenkbaren Arm des Topfscharniers mit der Zentralschraube auf der Montageplatte befestigen und die Tür ausrichten. Wenn die Tür schief hängt: Schraube A lockern, Schraube B verstellen bis die Tür gerade ist, und Schraube A wieder festziehen. Wenn die Tiefe reguliert werden muß: Schraube A lockern, die Tür in die richtige Position bringen und Schraube A wieder anziehen.

Veredeln und schützen

Jedes Holz hat seinen eigenen, typischen Charakter, den Sie durch Behandlung der Oberfläche verstärken und auch nach persönlichem Geschmack verändern können. Auf die Oberflächenbehandlung sollten Sie auch dann nicht verzichten, wenn Sie den Werkstoff aus der Natur so lieben, wie er gewachsen ist. Die Veredelung dient nämlich keineswegs nur der Optik, sondern schützt zugleich vor Schmutz, Sonnenlicht und Feuchtigkeit.

Astlöcher beseitigen

Störende Äste im Holz können Sie ausbohren und durch kleine Holzscheiben ersetzen. Diese Astlochdübel sind in verschiedenen Holzarten und Größen erhältlich. Nehmen Sie das Brett mit, das Sie ausbessern möchten, damit Farbe und Maserung möglichst genau passen.

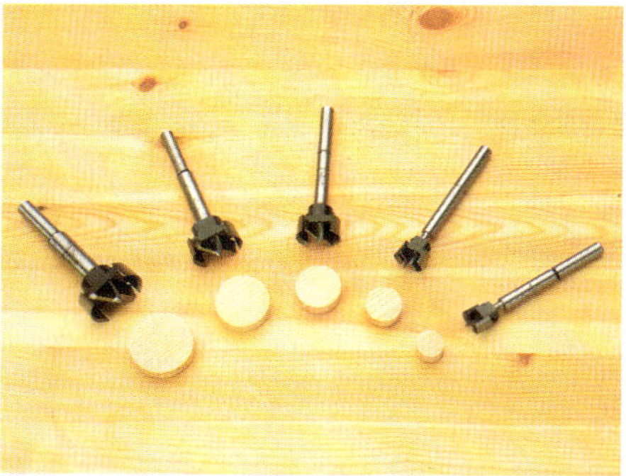

1 Für die Reparatur brauchen Sie eine Bohrmaschine, einen Forstnerbohrer in Größe des Astlochdübels und einen Bohrständer, damit Sie wirklich genau senkrecht bohren können.

2 Den Ast vorsichtig im Durchmesser des Dübels ausbohren. Bei der Tiefe etwa 1 mm abrechnen. Der überstehende Rest des Dübels wird später beigeschliffen.

3 Das Bohrloch gründlich säubern – am besten mit dem Staubsauger. Das Loch muß völlig frei von Staub und Spänen sein.

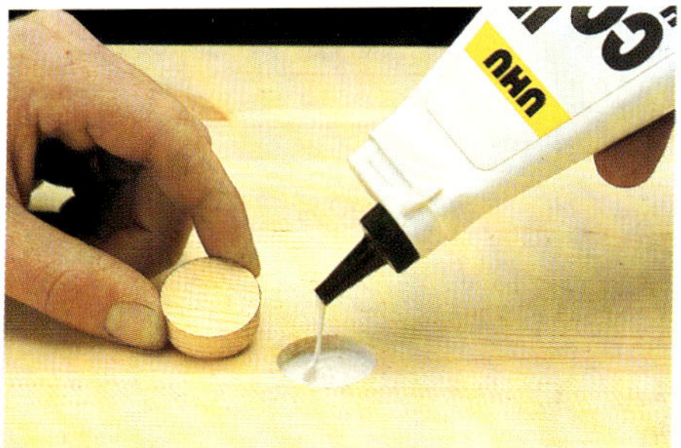

4 Weißleim in das Bohrloch geben und den Astlochdübel einsetzen. Herausquellenden Leim sofort abwischen. Auf die Maserung achten!

5 Wenn der Leim trocken ist, den Astlochdübel beischleifen, bis er ganz bündig mit der Holzoberfläche abschließt – zum Schluß mit ganz feinem Schleifpapier.

6 Kleine Risse und Löcher in unbehandeltem Holz lassen sich mit farblich passendem Holz-Kitt „behandeln“. Fest in die Oberfläche eindrücken – bei tieferen Löchern schichtweise (zwischendurch trocknen lassen). Nach dem Trocknen und anschließenden Schleifen können Sie die Stelle wie rohes Holz bearbeiten.

Oberflächen behandeln

Es gibt verschiedene Methoden, Holz zu veredeln, seinen typischen Charakter noch zu verstärken, es farblich zu verändern und gleichzeitig zu schützen. Die schützende Holzveredelung ist nicht zu verwechseln mit dem chemischen Holzschutz gegen tierische und pflanzliche Schädlinge, der auch der Gesundheit der Menschen schadet. Auf Holzschutzmittel mit bioziden Wirkstoffen können Sie in Innenräumen grundsätzlich verzichten –, oft auch draußen, wenn Sie das Holz alle zwei bis drei Jahre mit einer schützenden Lasur streichen.

Wässern und schleifen

Bevor Sie rohes Holz beizen, lasieren, wachsen oder lackieren, muß es erst einmal gründlich gesäubert werden.

7 Druckstellen im Holz, die zum Ausschleifen zu tief sind, können Sie mit Hilfe eines Lötkolbens beseitigen: Einige Tropfen Wasser in die Delle füllen und es mit der heißen Spitze des Lötkolbens zum Kochen bringen. Hitze und Feuchtigkeit lassen das Holz quellen, und die Delle verschwindet. Eventuell wiederholen.

1 Staub, Schmutz, Leim- und Harzflecken lassen sich entfernen, wenn Sie dem warmen Wasser Kernseife (vorher in heißem Wasser auflösen) hinzufügen. Bei hartnäckigen Harzflecken hilft Terpentinersatz. Das Holz mit einer Wurzelbürste immer in Richtung Holzmaserung gründlich einseifen. Anschließend die Seifenreste sorgfältig mit klarem Wasser entfernen.

2 Mit der Reinigung haben Sie das Holz bereits gewässert – ein ohnehin notwendiger Prozeß, damit die Holzfasern aufquellen. So gleichen sich kleine Schäden oft von selbst aus. Wenn keine Flecken zu entfernen sind, ist das Abwaschen mit Schwamm und warmem Wasser ausreichend. Wichtig ist, daß das Holz gleichmäßig an allen Stellen angefeuchtet ist. Überschüssige Feuchtigkeit mit ausgedrücktem Schwamm abnehmen.

3 Nach dem Wässern muß das Holz erst einmal wieder völlig trocknen. Dann wird es geschliffen, damit die durch das Wässern aufgerichteten Fasern für die anschließende Oberflächenbehandlung wieder geglättet werden. Am besten schleifen Sie per Hand mit einem Schleifklotz. Schön glatt wird die Oberfläche , wenn Sie in drei Etappen schleifen – mit gröberem Schleifpapier (Körnung 120) beginnen, dann mit mittlerer Körnung (150) und zum Schluß mit feiner Körnung (180). Immer mit leichtem Druck in Richtung Holzmaserung schleifen. Den Schleifstaub mit einer trockenen Bürste sorgfältig entfernen. Falls Sie das Holz anschließend beizen wollen, sollten Sie jede Berührung vermeiden, da die Haut Fettspuren hinterläßt.

Beizen

Mit Beize können Sie einfachem Holz die Optik von Edelholz verleihen, die Maserung lebendiger machen, die natürliche Farbe beleben und auch passend zu Ihrer Einrichtung verändern.

Die meisten Holzarten lassen sich ausgesprochen gut beizen. Eine Ausnahme macht die Lärche. Da jedoch jedes Holz anders auf Beize reagiert, sollten Sie auf jeden Fall zunächst ein Probestück beizen und abwarten, bis es ganz trocken ist. Erst dann ist die endgültige Wirkung sichtbar.

Wasserlösliche Beizen gibt es in vielen verschiedenen Holz- und auch Farbtönen von ganz zart bis schwarz. Sie sind gebrauchsfertig erhältlich oder als Pulver, das mit Wasser angerührt wird. Speziell für Eiche gibt es gebrauchsfertige Rustikal-Beize in verschiedenen Holzfarbtönen. Vor der Verwendung immer gut durchrühren, damit die Farbpigmente gleichmäßig verteilt sind. Benutzen Sie zum Beizen nur metallfreie Pinsel und Gefäße!

Da das Beizen nicht gerade zu den saubersten Arbeiten gehört, die Umgebung großzügig – am besten mit Folie – abdecken, alte Kleidung und Gummihandschuhe anziehen. Den Effekt der Beize bestimmen Sie selbst durch die Auftragetechnik.

1 Die Beize so zügig und satt in Richtung der Holzmaserung auftragen, daß sie in jede Pore des Holzes dringt.

2 Zu langsam in dünnen Bahnen aufgetragene Beize und herablaufende Flüssigkeit hinterlassen später sichtbare Spuren.

3 Um das zu verhindern, Beize auf senkrechten und schrägen Flächen immer von unten nach oben auftragen.

Überschüssige Beize nach wenigen Minuten mit einem saugfähigen, fusselfreien Tuch in Richtung Holzmaserung abnehmen. Beize hat nur eine optische und keine schützende Wirkung. Wenn Sie das Holz lasieren oder lackieren wollen, müssen Sie warten, bis die gebeizte Fläche völlig durchgetrocknet ist.

Wachsen und ölen

Schutz und Glanz erhalten rohe und gebeizte Holzflächen durch eine Behandlung mit Wachs oder Öl. Sie haben die Wahl zwischen flüssigem Wachs, das es transparent und pigmentiert gibt, und festem Wachs. Für Kinderspielzeug sollten Sie möglichst nur aus natürlichen Bestandteilen hergestelltes Wachs verwenden. Wachs hat den Vorteil, daß es die Atmung des Holzes nicht beeinträchtigt.

Beide Wachsarten werden mit einem weichen, fusselfreien Baumwolltuch dünn und gleichmäßig in Holzmaserrichtung aufgetragen.

Für Flüssigwachs können Sie auch einen Pinsel benutzen. Bei farbigen Wachsen läßt sich die Intensität durch mehrmaliges Auftragen erhöhen. Den Glanz können Sie verstärken, indem Sie die Fläche nach dem Trocknen mit einem weichen Tuch nachpolieren. Die Wachsbehandlung sollte je nach Beanspruchung aufgefrischt werden, da ihre Wirkung mit der Zeit nachläßt. Mit ursprünglich für Teakholz entwickeltem Teak-Öl können Sie auch anderen Harthölzern transparenten Glanz und Schutz verleihen. Es wird mit einem Leinentuch satt in das Holz eingerieben, nach dem Trocknen mit ganz feinem Sandpapier (Körnung 240 - 280) leicht angeschliffen und dann nochmals mit Öl behandelt.

Grundieren und mattieren

Bevor Sie rohes oder gebeiztes Holz lackieren oder mattieren, muß es grundiert werden. Holzgrund füllt die Poren und sorgt damit für eine glatte Oberfläche.

1 Die Grundierung wird mit einem weichen, flachen Lackierpinsel mit Naturborsten aufgetragen. Gebeiztes Holz vor der Grundierung nicht schleifen! Wenn die Grundierung trocken ist, folgt ein Zwischenschliff mit ganz feinem Sandpapier (Körnung 240 - 280).

2 Die Mattierung verleiht vor allem gebeiztem Holz Glanz und Schutz. Sie wird nicht mit dem Pinsel, sondern mit einem aus einem weichen Baumwolltuch geformten Ballen aufgetragen. Achten Sie darauf, daß der Stoffballen eine faltenfreie Oberfläche hat. Die Mattierung Bahn neben Bahn in Richtung der Maserung in das Holz einarbeiten.

Lackieren und lasieren

Lacke und Lasuren sind in vielen Holztönen und allen Farbschattierungen erhältlich. Sie erfüllen nicht nur dekorative Zwecke, sondern schützen das Holz vor Verschmutzung und Sonnenlicht. Ob Sie Holzoberflächen lackieren oder lasieren, ist nicht nur eine Frage des persönlichen Geschmacks. Entscheidend ist auch der Verwendungszweck des Holzes.

Pflegeleicht durch Lack

Lackierte Holzoberflächen sind unempfindlich gegen Schmutz und Feuchtigkeit. Der Lack verschließt weitgehend die Poren, so daß von außen keine Feuchtigkeit eindringen kann. Das Holz atmet und arbeitet nur noch minimal, quillt und schwindet also nicht. Allerdings wird fast immer auch die Holzstruktur verdeckt.

Wenn Sie sich für Lack entscheiden, sollten Sie möglichst nur lösemittelarme Produkte wie wasserverdünnbare Acryllacke (siehe auch „Mit Pinsel, Rolle und Farbe") verwenden. Sie sind in vielen Farben erhältlich.

Bei transparenten und Klarlacken handelt es sich fast immer um Alkydharzlacke. Sie haben einen hohen Anteil an Lösemitteln und sollten daher unter keinen Umständen zum Lackieren von Kindermöbeln und -spielzeug verwendet werden. Noch höher ist der Gehalt an Lösemitteln bei Nitro- (Nitrocellulose-) Lacken.

Lasuren blättern nicht ab

Im Unterschied zum Lack bleibt bei Lasuren die Holzstruktur voll erhalten, weil sie tief ins Holz eindringen. Sie hinterlassen nur einen dünnen Film auf der Holzoberfläche und blättern nicht ab. Lasuren gibt es in einer großen Farbpalette einschließlich aller Holztöne und farblos. Die Farbtöne eines Herstellers lassen sich untereinander mischen. Da jede Holzart anders auf Lasuren reagiert, vorher

einen Probeanstrich machen. Acryl-Lasuren sind lösemittelarm und tragen meist das Umweltzeichen „Blauer Engel".

Unterschieden wird zwischen Dünnschichtlasuren, auch Imprägnierlasuren genannt, und Dickschichtlasuren. Beide gibt es auf Alkydharz- und Acrylbasis. Wasserverdünnbare Dünnschicht-Lasuren lassen das Holz atmen und arbeiten. Sie sind daher nicht für sogenannte „maßhaltige Hölzer" wie zum Beispiel Fenster und Türen geeignet, wo das mögliche Quellen und Schwinden problematisch werden kann. Sie müssen mit Dickschicht-Lasuren gestrichen werden, damit sie ihre Form behalten und sich nicht verziehen.

Lösemittelarme Dünnschichtlasuren sind auch zum Anstrich von Zaun, Pergola, Gartenhaus etc. bestens geeignet, da sie das durch Kälte, Hitze und Feuchtigkeit mögliche Quellen und Schwinden des Holzes mitmachen und nicht abblättern. Meist ist vor dem Einbau bereits ein einmaliger Anstrich von allen Seiten ausreichend. Allerdings müssen Sie ihn alle zwei bis drei Jahre erneuern und eventuell einmal eine morsch gewordene Latte austauschen.

Verwenden Sie für Holz, das dem Sonnenlicht ausgesetzt ist, grundsätzlich keine farblosen Lasuren und Klarlacke. Nur pigmentierte Lasuren und deckende Lacke bieten nämlich einen Schutz vor UV-Strahlen, die das im Holz enthaltene Lignin zerstören. Das hat zur Folge, daß das Holz vergraut, spröde und rissig wird. Andererseits sollten Sie auch zu dunkle Farbtöne meiden,

Was die Streichtechnik betrifft, gibt es keinen Unterschied zwischen Lackieren und Lasieren. Was Sie beachten müssen, welcher Pinsel für welche Farbe geeignet ist und wie Sie die Pinsel reinigen, lesen Sie im - Kapitel „Mit Pinsel, Rolle und Farbe".

da sie das Holz bei hohen Temperaturen noch mehr „aufheizen" und dadurch – speziell bei besonders harzhaltigen Hölzern – Holzinhaltsstoffe ausdunsten können. Neben Dünn- und Dickschichtlasuren gibt es sogenannte Wetterschutzlasuren. Sie überziehen die Holzoberfläche mit einem seidenglänzenden Film, der einen noch intensiveren Schutz vor Feuchtigkeit und UV-Strahlen bietet. Auch Wetterschutzlasuren werden lösemittelarm auf Acrylbasis angeboten. Sie sind allerdings ebenso wie Dünnschichtlasuren nicht für „maßhaltige Hölzer" wie Fenster und Türen geeignet.

Lasuren sind nicht so haltbar wie Lacke. Alle zwei bis drei Jahre müssen sie erneuert werden. Das ist jedoch unproblematisch, da kein vorheriges Abbeizen oder Abschleifen notwendig ist. Lasierte Flächen können einfach überstrichen werden. Lediglich vorhandene Dickschichtlasuren sollten Sie zuvor mit feinem Sandpapier anschleifen. Dunkle Lasuren können durch farblose Lasuren aufgehellt werden. Wenn Sie für den Neuanstrich andersfarbige Lasuren verwenden, entstehen Mischtöne.

Lasur mit Lack abtönen

Ganz individuelle Farb-Kompositionen können Sie realisieren, indem Sie farblose Acryl-Lasuren mit Acryl-Seidenglanzlacken eines Herstellers mischen. Zu beachten ist dabei jedoch, daß der Lasur maximal zehn Prozent Lack hinzugesetzt werden dürfen. Durch unterschiedliche Mischungsverhältnisse sind interessante Farbabstufungen möglich, die zum Beispiel einer mit Profilholz oder Paneelen bekleideten Wand einen Hauch von Südsee verleihen. Und so wird's gemacht:

1 Zum Streichen mit Acryl-Lasuren und -Lacken nur Pinsel mit Kunststoffborsten verwenden. Die Farben auf großen Flächen nicht

großflächig, sondern immer Bahn neben Bahn auftragen. Pinsel, die zwischendurch nicht gebraucht werden, in mit Wasser verdünnte Lasur stellen. Bei wasserverdünnbaren Lasuren und Lacken ist keine spezielle Grundierung notwendig: Sie können die Farbe aus einem Topf vom Grund- bis zum Schlußanstrich verwenden.

2 Profilholz möglichst immer vor der Montage zweimal streichen. Damit vermeiden Sie, daß nach dem Trocknungsprozeß „Blitzkanten" an Nut und Feder zu sehen sind. Die Bretter sorgfältig zuschneiden, und vor dem Anstrich die spätere Farbgestaltung genau festlegen.

3 Zum Ansetzen und Durchschütteln der unterschiedlichen Farbmischungen sind alte Marmeladen- und Einmachgläser mit Schraubverschluß bestens geeignet. Sorgen Sie aber dafür, daß die Gläser für Kinder unerreichbar sind! Für die Farbabstufungen zunächst als kleinste Einheit mit Hilfe eines Meßlöffels 1 ml Farbe mit 100 ml Lasur ansetzen. Zu jeder weiteren Mischung dann je nach gewünschten Farbabstufungen immer ein bis drei Prozent Farbe hinzugeben.

4 Die Farbmischung gründlich verrühren und die entsprechenden Bretter dann von beiden Seiten mit der jeweiligen Mischung aus Lasur und Lack streichen – erst die Rückseite und dann die Vorderseite.

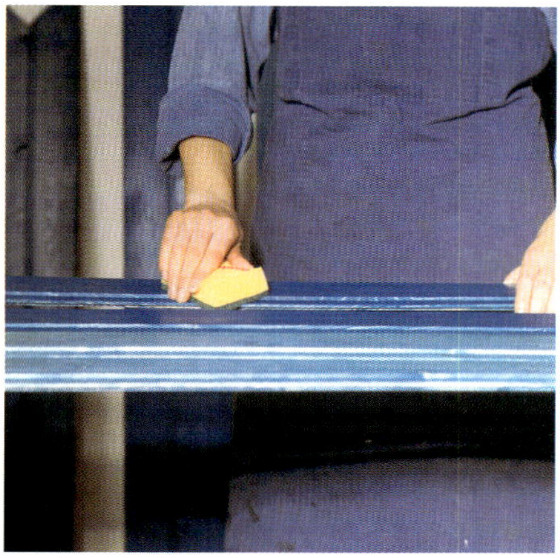

5 Nach dem ersten Anstrich wird die Holzoberfläche geebnet. Der Fachmann sagt „geköpft". Dazu ist am besten ein Kunststoffvlies geeignet. Bei der Verwendung von Stahlwolle oder Schleifpapier besteht die Gefahr, daß Schleifspuren zurückbleiben, die sich durch den zweiten Anstrich nicht kaschieren lassen.

Holzschutzmittel

Bei chemischen Holzschutzmitteln handelt es sich um Lacke und Lasuren, die biozide Wirkstoffe gegen Pilze und Insekten enthalten. Da es keine für den Menschen ungiftigen Holzschutzmittel gibt, sollte man sie in der Wohnung grundsätzlich nicht verwenden. Im Garten sind vom Hersteller kesseldruckimprägnierte Hölzer eine Alternative zum Holzschutz.

Selbst in nichtbeheizten Räumen haben Pilze und Insekten kaum Lebenschancen, weil sie für ihr Wachstum eine ständige Holzfeuchte von mindestens 20 Prozent benötigen. Wenn Sie für Wand- und Deckenbekleidungen trockenes Holz verwenden und für ausreichende Belüftung der Räume sorgen, ist ein Schädlingsbefall praktisch ausgeschlossen.

Auch die Art des verwendeten Holzes spielt eine Rolle. Gegenüber Hausbock sind alle Laubhölzer sowie das Kernholz aller Nadelhölzer resistent, gegen Lyctus-Käfer-Befall (er kann als einziger auch in trockenen Wohnräumen auftreten) alle Nadelhölzer und dunkelfarbigen Laubhölzer. Grundsätzlich ist Kernholz weniger anfällig als Splintholz.

Zum Bau von Zäunen, Spalieren, Sichtblenden, Toren etc. finden Sie im Bau- und Heimwerkermarkt vom Hersteller kesseldruckimprägnierte Schnitt- und Rundhölzer sowie fertige Elemente mit allem notwendigen Zubehör. Die jahrelang wirksame Imprägnierung erspart Ihnen den Anstrich mit Holzschutzmitteln.

Aber auch beim Bau von Zäunen etc. aus unbehandeltem Holz können Sie den Einsatz von Holzschutzmitteln reduzieren oder sogar vermeiden, wenn Sie gegen Schädlingsbefall weitgehend resistente Hölzer (zum Beispiel Eiche oder Lärche) verwenden, den Anstrich mit lösungsmittelarmen Lasuren regelmäßig wiederholen und die Grundregeln des „konstruktiven Holzschutzes“ beachten. Das heißt, daß Sie beispielsweise bei Zäunen oder Pergolen durch eine grobe

Kiesschicht oder einen Stein- bzw. Betonsockel (vorsichtshalber Bitumenpappe unterlegen) direkten Erdkontakt vermeiden.

Spielgeräte und Sandkästen für Kleinkinder sollten Sie grundsätzlich nicht mit Holzschutzmitteln behandeln. Es besteht immer die Gefahr, daß bei der Berührung giftige Bestandteile herausgelöst werden und durch Lecken an den Fingern in den Körper gelangen. Verzichten Sie auch in der Sauna auf chemischen Holzschutz, da die in Holzschutzmitteln enthaltenen Wirkstoffe bei den extrem hohen Temperaturen besonders leicht ausdampfen.

Wenn Holzschutzmittel mit bioziden Wirkstoffen notwendig sind wie beispielsweise bei Fenstern und Außentüren, sollten Sie auf Produkte mit dem RAL-Gütezeichen achten. Mit diesem Prüfzeichen versehene Holzschutzmittel sind zwar auch nicht ungiftig, haben aber einen reduzierten Wirkstoffgehalt und sind daher nicht für tragende Bauteile geeignet. Meist handelt es sich dabei um Holzschutzlasuren, die gleichzeitig eine dekorative Funktion erfüllen. Den vorbeugenden Holzschutz von tragenden Bauteilen sollten Sie dem Fachmann überlassen!

Sondermüll

Reste von Holzschutzmitteln sind Sondermüll. Bei Verwendung der Produkte Handschuhe tragen, nicht trinken, essen oder rauchen!

Saubere Plattenkanten

Span- und Tischlerplatten mit furnierter oder kunststoffbeschichteter Oberfläche haben einen Schönheitsfehler: die Kanten. Die einfachste Methode, sie unsichtbar zu machen, sind Umleimer zum Aufbügeln. Sie können die Kanten aber auch lackieren oder unter dekorativen Holzleisten verstecken.

1 Schmelzkleberbeschichtete Kantenumleimer bekommen Sie im Bau- und Heimwerkermarkt passend zu allen Plattenoberflächen aus Kunststoff oder Echtholzfurnier. Sie werden einfach auf die Kanten gebügelt: Streifen in entsprechender Länge mit etwa 1 cm Zugabe zuschneiden, auf die Kante legen und dann mit Woll-Temperatur und leichtem Druck zentimeterweise aufbügeln. Vor allem bei hellem Kantenumleimer sollten Sie vorsichtshalber Seiden- oder Pergamentpapier als Unterlage für das Bügeleisen benutzen. Kontrollieren, ob der Umleimer fest haftet und eventuell noch einmal überbügeln. Nach dem Auskühlen die Reste an den Ecken mit einem scharfen Cuttermesser abschneiden. Die Überstände an den Kanten mit Feile, feinem Schleifpapier oder Kantenschneider entfernen.

2 Statt Bügeleisen können Sie auch die Heißluftpistole verwenden: Den Umleimer mit dem Heißluftgerät Stück für Stück erwärmen und mit einer Rolle andrücken. Mit dieser Methode lassen sich auch Kanten von runden Plattenausschnitten mit Umleimer bearbeiten.

3 Falls Sie die Plattenkante streichen wollen, muß sie zunächst sorgfältig verspachtelt werden: Feinspachtel aus der Dose oder Tube mit einem schmalen Japan-Spachtel auftragen und ganz gleichmäßig und glatt abziehen. Eventuell wiederholen.

4 Nach dem Aushärten der Spachtelmasse die Kante mit feinkörnigem Schleifpapier sauber bearbeiten. Die Ränder vorsichtig im Winkel von 45 Grad leicht überschleifen. Nach dieser Vorbehandlung können Sie die Plattenkante streichen.

5 Besonders edel sehen Plattenkanten aus, wenn Sie Holzleisten aufleimen. Sie sind auch mit den unterschiedlichsten Profilen erhältlich. Die Plattenkante mit Weißleim bestreichen, die Holzleiste auflegen und mit Zwingen anpressen, bis der Leim trocken ist.

6 Anschließend den Holz-Vorleimer mit dem Hobel glätten, eventuell abrunden oder mit dem Fräser profilieren. Zum Schluß mit Schleifpapier nacharbeiten. Besonders beanspruchte Kanten können Sie auch durch Metall- oder Kunststoffprofile schützen.

Wände und Decken aus Holz

Wenn Sie nicht alle paar Jahre neu streichen oder tapezieren wollen, sind Wand- und Deckenbekleidungen aus Holz die ideale Lösung. Sie sind nicht nur ausgesprochen pflegeleicht, sondern wirken darüber hinaus wärmedämmend und schallisolierend. Das Angebot von Profilhölzern und Paneelen mit Nut und Feder ist so vielseitig, daß jeder Heimwerker seine Räume ganz individuell gestalten kann.

Wenn Sie Ihre Wand mit Holz bekleiden wollen, haben Sie die Wahl zwischen Profilholz und Paneelen. Während Profilbretter aus massivem Holz hergestellt werden, bestehen Paneele aus Sperrholz, Span- oder Faserplatten mit Echtholzfurnier oder Dekorbeschichtung. Paneele haben den Vorteil, daß sie nicht schwinden und quellen. Profilbretter und Paneele mit Nut und Feder, die es in unterschiedlichen Längen, Breiten und Dicken gibt, werden auf einer Unterkonstruktion aus einseitig gehobelten Holzlatten befestigt. Profilholz gibt es in vielen verschiedenen Holzarten und mit den unterschiedlichsten Profilierungen, unbehandelt und bereits farblos oder farbig veredelt mit Wachs, Lasur oder Lack. Profilholz sollte vor der Montage immer mehrere Tage im temperierten Raum gelagert werden, damit es sich an das Klima anpassen kann. Falls Sie unbehandeltes Profilholz selbst veredeln, muß die Oberflächenbehandlung ebenfalls vor der Montage abgeschlossen sein.

Paneele finden Sie im Bau- und Heimwerkermarkt in allen Preislagen und einer optischen Vielfalt, die keine Wünsche offen läßt. Viele Dekorbeschichtungen sind in Farbe und Maserung kaum von echten Hölzern zu unterscheiden. Auch Paneele sollten mehrere Tage in dem für die Montage vorgesehenen Raum gelagert werden, damit sie sich akklimatisieren können.

Profilholz und Paneele können Sie je nach persönlichem Geschmack senkrecht, waagerecht oder diagonal montieren. Die Art der Montage kann aber auch die Proportionen eines Raumes verändern: Durch senkrecht montierte Profilbretter und Paneele gewinnt der Raum optisch an Höhe und bei waagerechter Montage an Breite. Die

Farbe des Holzes spielt ebenfalls eine entscheidende Rolle: So wirken kleine Räume durch helle Wandbekleidungen größer und große Räume mit dunklen Wandbekleidungen gemütlicher. Helle Deckenbekleidungen lassen niedrige Räume höher erscheinen und dunkle Deckenbekleidungen hohe Räume niedriger.

Für saubere Ab- und Anschlüsse und die Umsetzung eigener Ideen finden Sie im Bau- und Heimwerkermarkt eine Vielzahl unterschiedlichster Leisten – aus demselben Holz geschnitzt und veredelt wie die Profilbretter bzw. passend zu Material und Optik der Paneele. So lassen sich durch farbige Kontraste dekorative Akzente setzen, einzelne mit Holz bekleidete Wände stilvoll einfassen oder „Bilder“ aus Profilholz oder Paneelen gestalten. Der eigenen Kreativität sind keine Grenzen gesetzt.

Überlegen Sie vor dem Kauf, wie Sie die Profilbretter bzw. Paneele montieren wollen, und messen Sie die Fläche genau aus. Damit die Holzbekleidung später ein harmonisches Bild ergibt, die Profilbretter und Paneele vor der Montage entsprechend der oft unterschiedlichen Holztöne und Maserung zusammenstellen.

1 Für die Montage der Unterkonstruktion und der Holzbekleidung brauchen Sie Bohrmaschine, Dübel und Schrauben, Handkreissäge oder Fuchsschwanz, Stichsäge, Schneidlade, Tacker, Magnetnagler, Senkdorn, Hammer, Wasserwaage, Zollstock, Schraubendreher, Bleistift, Klammern oder Krallen und Nägel.

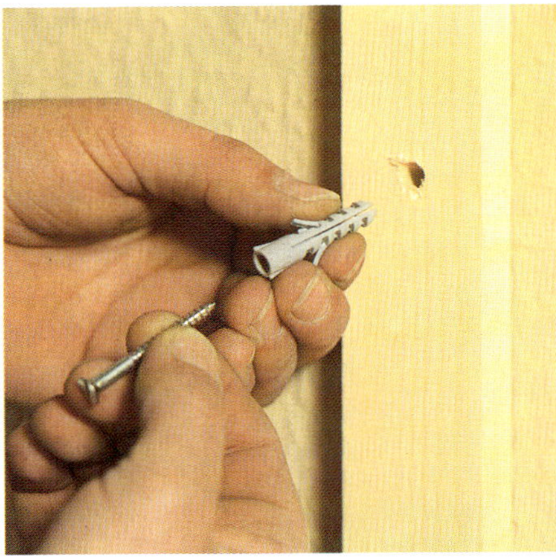

3 Kontrollieren Sie, ob die Schraube lang genug ist für den Dübel und die Dicke der Leiste. Sie muß den Dübel bis in die letzte Spitze spreizen, damit die Unterkonstruktion fest mit der Wand verankert ist.

2 Die Latten für die Unterkonstruktion werden mit Hilfe der Wasserwaage im Abstand von etwa 50 cm mit Dübeln befestigt – senkrecht, wenn Sie die Bekleidung waagerecht montieren wollen bzw. waagerecht bei senkrechter Montage der Bekleidung.

4 Für eine unsichtbare Befestigung von Profilholz und Paneelen sorgen Spezialkrallen, die auf die Latten genagelt oder geklammert werden. Der Magnetnagler hält Kralle und Nagel und verhindert gleichzeitig, daß das Holz durch den Hammer beschädigt wird.

5 Profilholz- und Fugenkrallen lassen sich auch mit einem Elektrotacker befestigen, wenn er die entsprechende Munition und Nase hat.

6 Profilholz können Sie auch sichtbar mit dekorativen Schrauben an den Latten befestigen. Vorbohren, damit das Holz nicht splittert.

7 Eine sogenannte Schattennute sorgt für einen optisch sauberen Abschluß von Wand- und Deckenbekleidungen, wenn Sie keine Leisten verwenden wollen.

8 Leitungen für Lampenanschlüsse, Schalter und Steckdosen müssen vor der Montage gelegt sein ...

... Die Stelle auf dem Brett genau markieren und vor der Anbringung mit der Lochsäge ausschneiden.

9 Das gleiche gilt für normale Lampenanschlüsse an der Decke. Bei Deckeneinbauleuchten nach der Montage der Profilbretter mit der Stichsäge rund um den Kabelanschluß einen Kreis im Innendurchmesser der Leuchte ausschneiden.

10 Die Blende der Deckenleuchte an der Deckenbekleidung mit Schrauben befestigen.

Tips und Tricks

Die folgenden Zeichnungen zeigen Ihnen im Detail, wie Sie Wand und Decke perfekt mit Profilholz bekleiden und Probleme an Ecken, Kanten, Steckdosen etc. meistern.

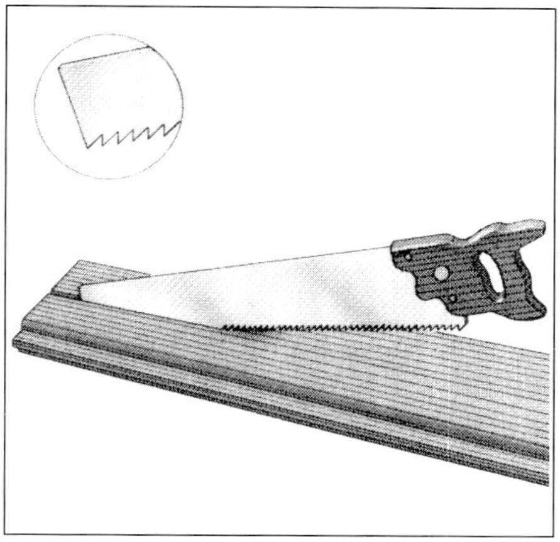

1 Beim Zuschneiden von Profilholz (gilt auch für Paneele) mit dem Fuchsschwanz die Sichtseite nach oben legen. Beim Längsschnitt Sägen mit nach vorn gestellten Zähnen benutzen.

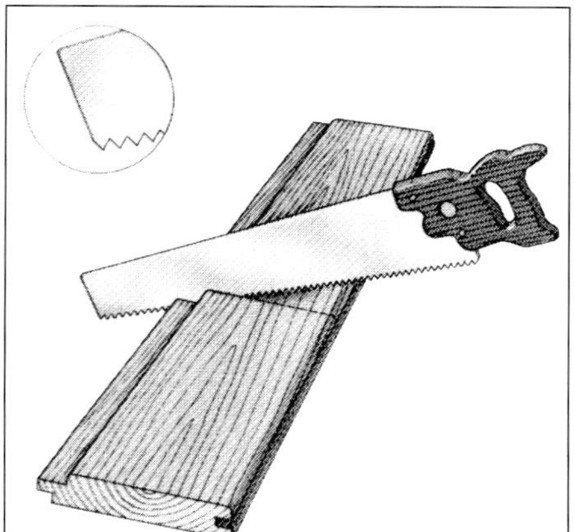

2 Zum Ablängen sind Sägen mit „geraden“ Zähnen besser geeignet.

Wenn Sie Profilholz mit der Stich- oder Handkreissäge zuschneiden, die Sichtseite nach unten legen.

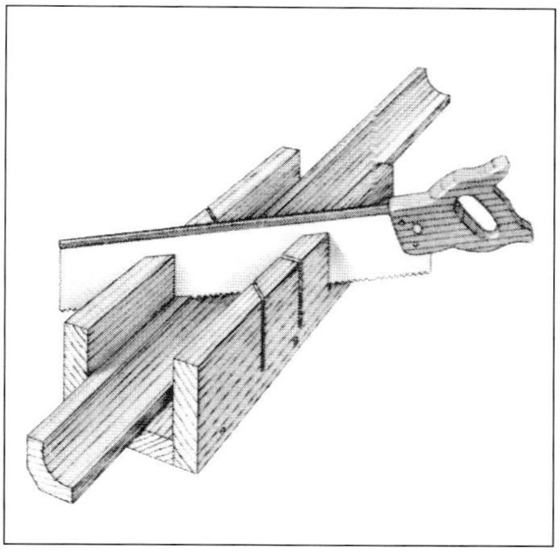

3 Wenn Sie Bretter und Leisten genau rechtwinklig ablängen oder im Winkel von 45 Grad sägen wollen, unbedingt eine Schneidlade in entsprechender Höhe benutzen.

4 Damit die Kanten der Profilbretter beim Anklopfen nicht beschädigt werden, grundsätzlich ein Brettstück unterlegen. Immer möglichst gleichmäßig auf der ganzen Länge anklopfen.

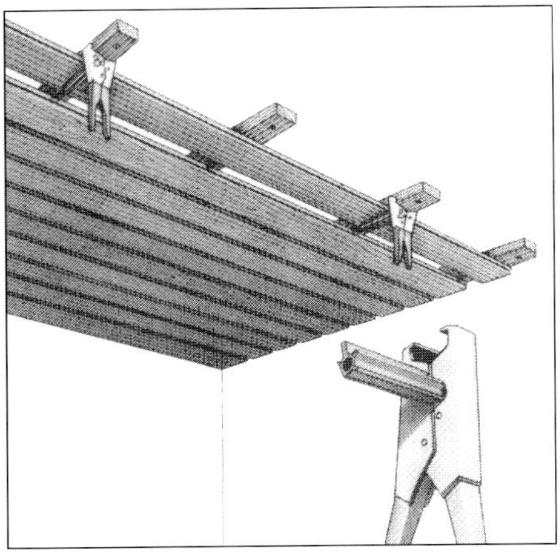

5 Eine nützliche Hilfe bei langem Profilholz sind Profilholzzangen. Sie dienen als Auflage für das einzelne Brett.

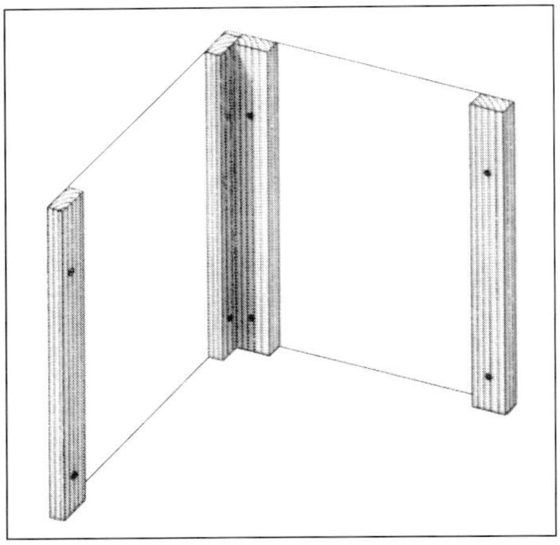

6-8 An allen Innen- und Außenecken müssen immer zwei Leisten aufeinanderstoßen – senkrecht bzw. waagerecht. Unebenheiten der Wand mit Sperrholzscheiben oder Holzkeilen ausgleichen. Falls Sie später Borde oder Regale an der Holzbekleidung anbringen wollen, zusätzliche Leisten in entsprechender Höhe montieren.

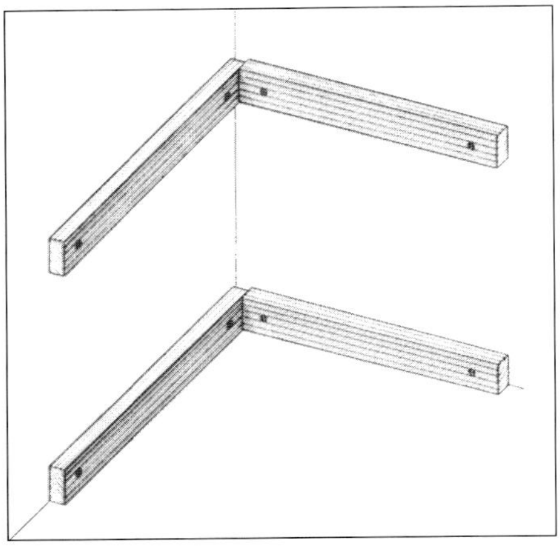

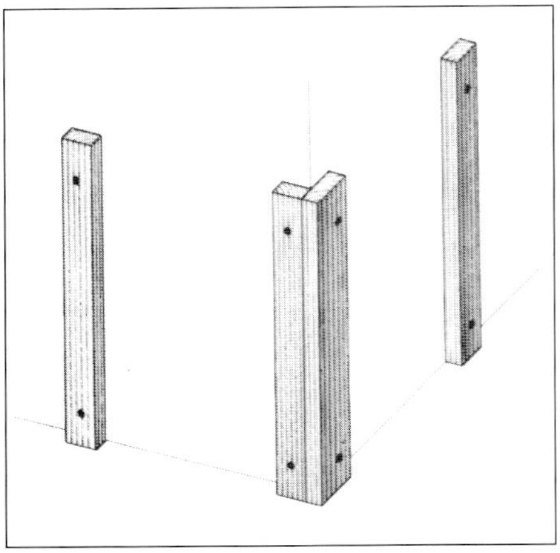

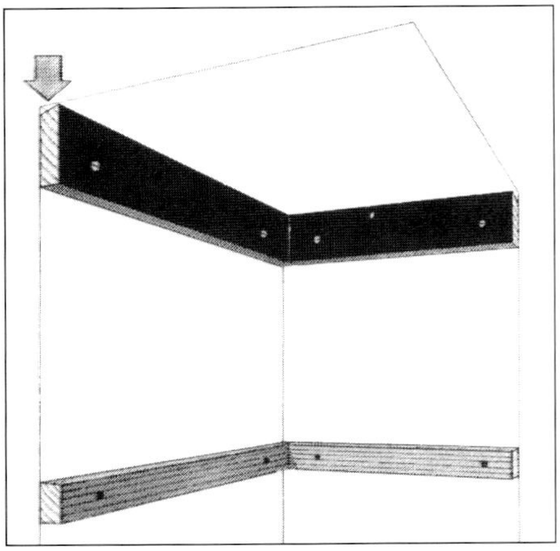

9+10 Für den Deckenanschluß mit Schattennute unter der Decke

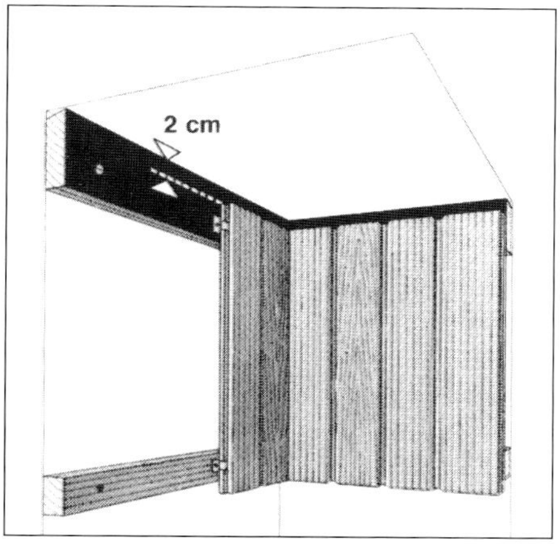

rundum statt Latten Glattkantbretter befestigen. Die Bretter vorher an der hinteren Oberkante schräg abhobeln und auf der Sichtseite streichen (am besten schwarz). Die Profilhölzer mit einem Abstand von 2 cm (sogenannte Schattennute) zur Decke anbringen.

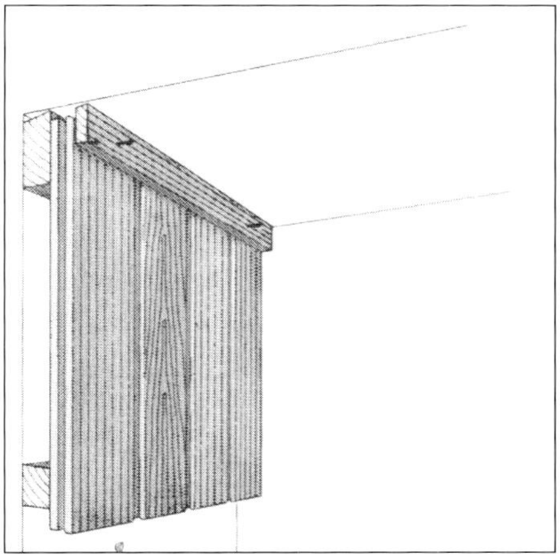

11-13 Sie können als Deckenabschluß auch Rechteck-, Z- oder Hohlkehlleisten verwenden. Sie werden direkt unter der Decke (1) oder bei unebenen Decken mit einem Abstand von etwa 15 mm (2) montiert. In den Ecken auf Gehrung (Winkel von 45 Grad) zuschneiden.

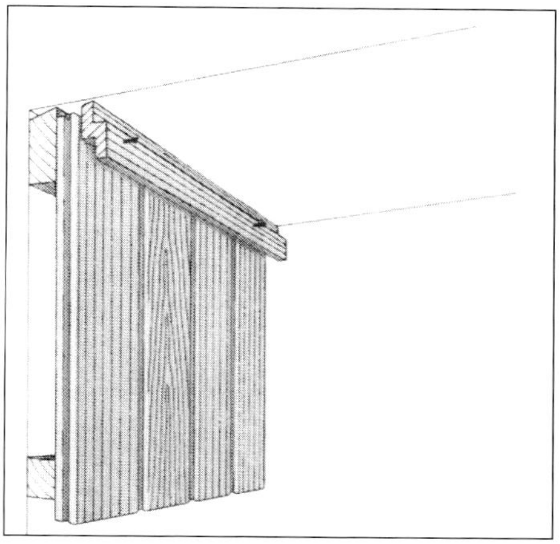

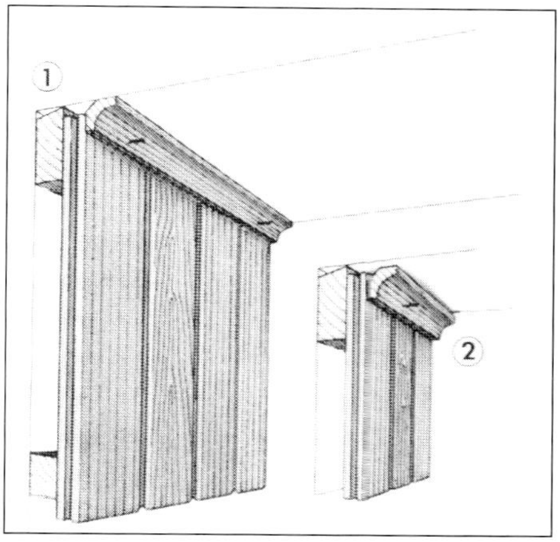

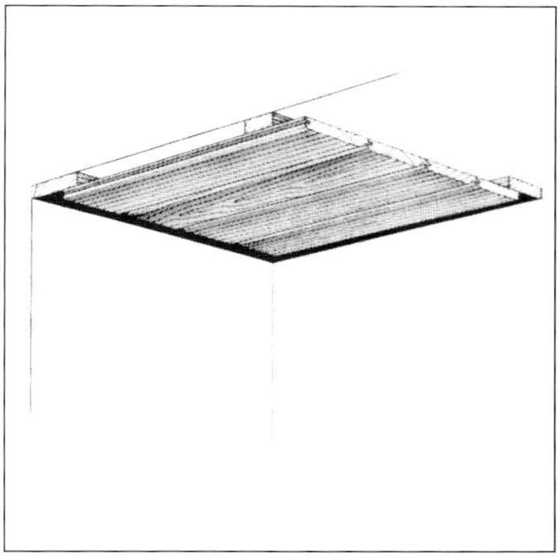

14-15 Auch bei der Deckenbekleidung haben Sie die Wahl zwischen Schattennute und Leisten.

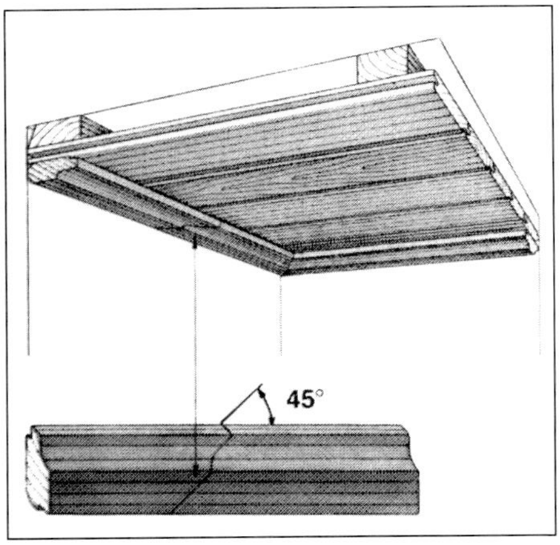

Glattkantbretter an der Wandseite schräg anhobeln, auf der Sichtseite streichen und die Profilhölzer mit einem Abstand von 2 cm zur Wand montieren bzw. auf Gehrung zugeschnittene Deckleisten verwenden.

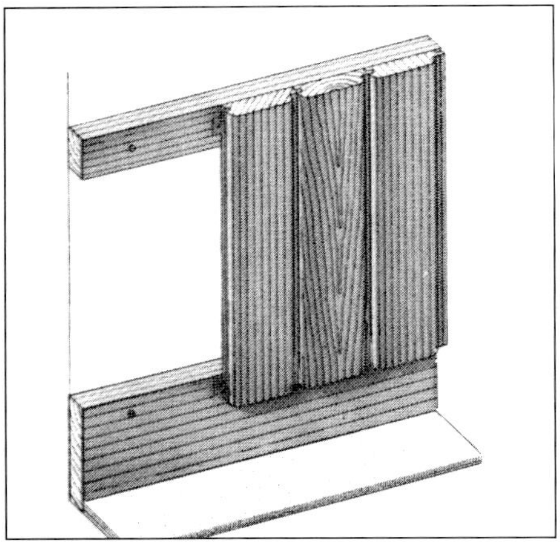

16+17 Für den Bodenanschluß entweder Profilhölzer unten mit einer Leiste abdecken oder für die Schattennute ein 10 bis 14 cm breites und wie beim Deckenanschluß

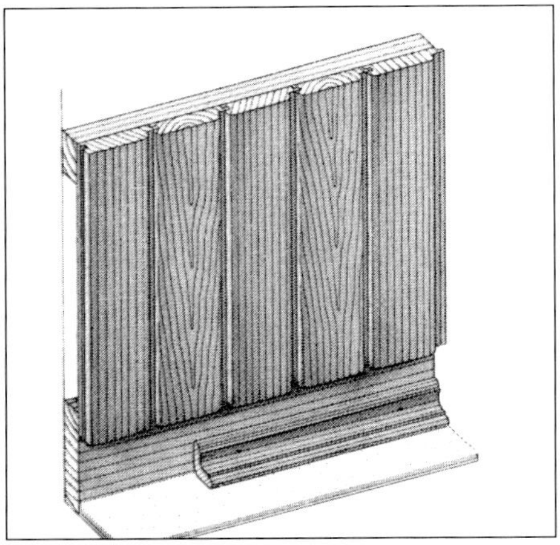

vorbereitetes Glattkantbrett befestigen. Die Profilhölzer werden darauf mit einem Abstand von 8 bis 12 cm zum Boden montiert. Eventuell eine zusätzliche Abschlußleiste anbringen.

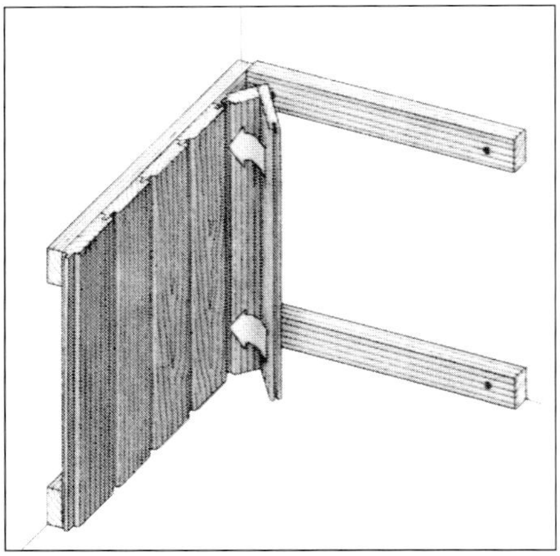

18+19 Nachdem Sie das erste Brett in einer Raumecke mit der Wasserwaage ausgerichtet und mit Endkrallen auf der Unterkonstruktion befestigt haben, die folgenden

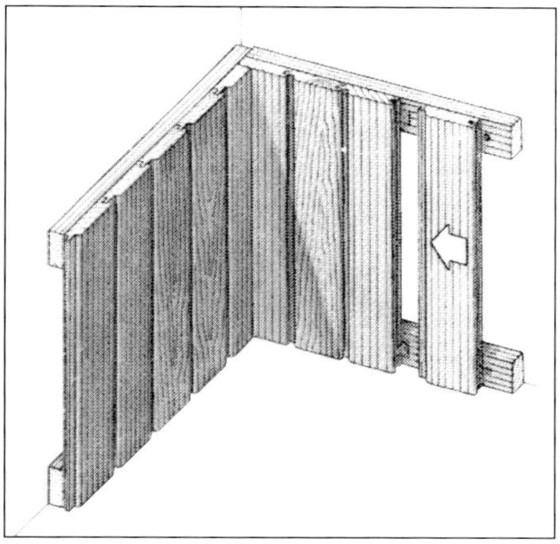

Bretter bis auf das Eckbrett mit Klammern anbringen.

Die für das Eckbrett notwendige Breite auf ein Profilbrett übertragen, zuschneiden und mit dem Hobel glätten. Von einem weiteren Profilbrett die Feder abschneiden und die Kante hobeln. Nun beide Bretter rechtwinklig zusammennageln und die Innenecke einsetzen.

20+21 Bei waagerechter Verlegung die Profilhölzer für den Anschluß in Innenecken stumpf absägen, zusammenfügen und mit Nägeln befestigen. Schnittkanten und Nagelköpfe werden durch eine

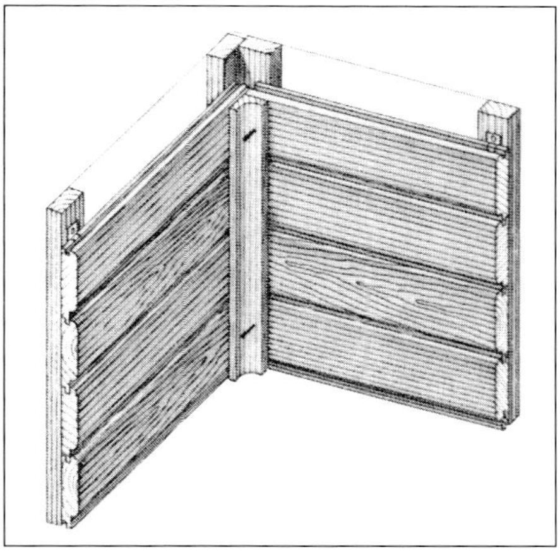

Hohlkehlleiste verdeckt, die Sie nur an einer Seite mit Nägeln befestigen. Nagelköpfe versenken und die Nagellöcher mit Holzwachs ausfüllen.

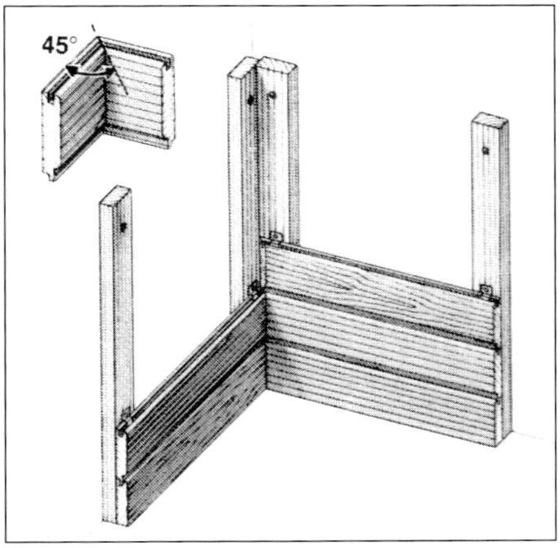

22+23 Saubere Innenecken auch ohne Leiste: Die Profilhölzer für den Anschluß in der Ecke zunächst auf Gehrung schneiden, d.h. unter einem Winkel von 45 Grad abängen. Beide Teile zusammenfügen

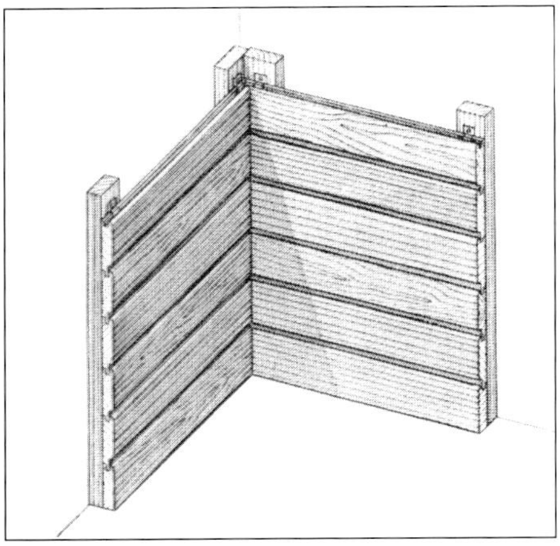

und mit Profilholzkrallen unsichtbar befestigen. Wichtig ist, daß die Gehrungsschnitte exakt zusammenpassen.

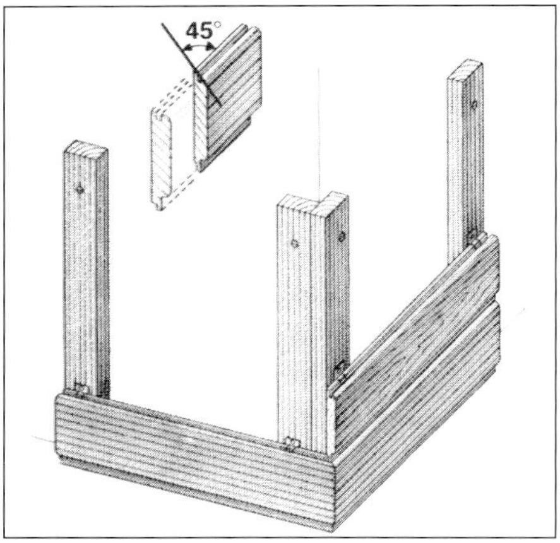

24+25 Für die Außenecke können Sie die Profilhölzer ebenfalls mit Gehrung unter einem Winkel von 45 Grad ablängen, an der Außenseite genau passend zusammenfügen und befestigen. Je sauberer und exakter Sie sägen, desto schöner sieht die Außenecke aus.

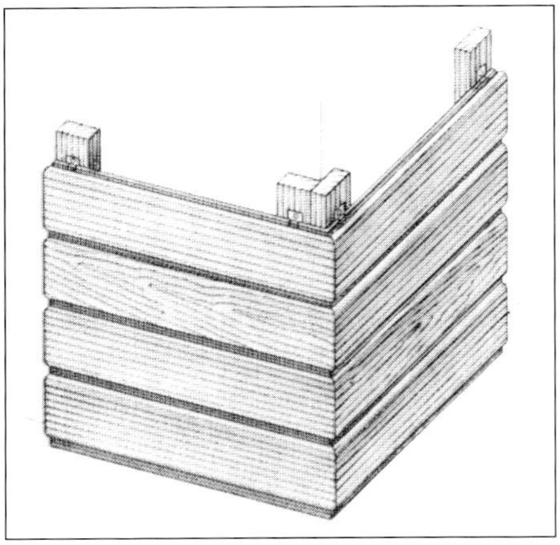

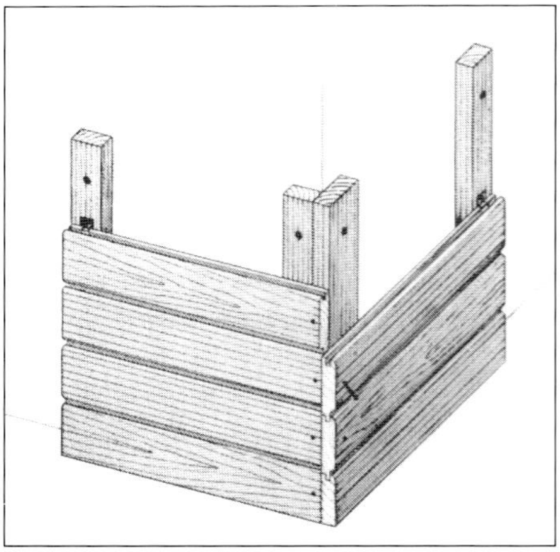

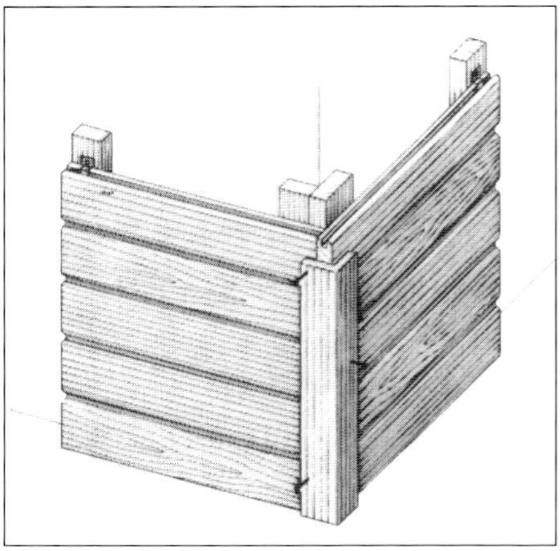

26+27 Die einfachere Lösung: Die Profilhölzer rechtwinklig ablängen und sichtbar annageln. Eine Eckschutzleiste montieren, die Nagelköpfe versenken und mit Holzwachs ausfüllen.

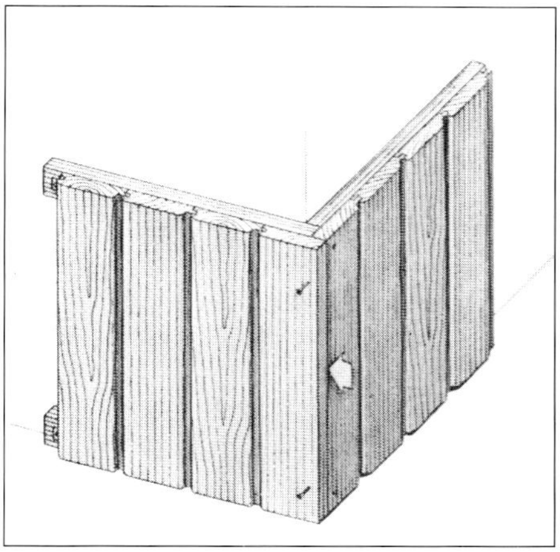

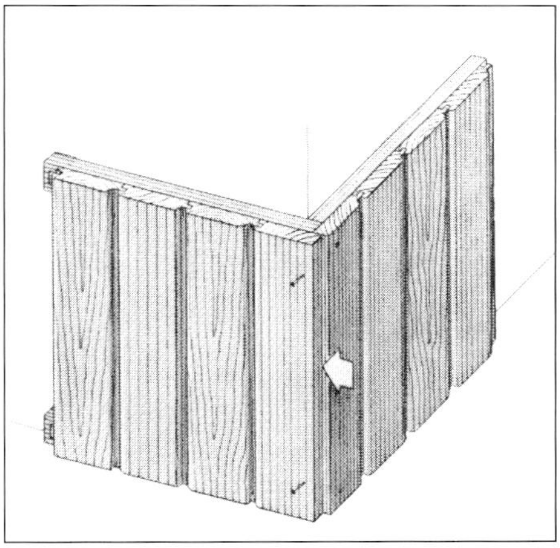

28+29 Bei senkrechter Verlegung das letzte Profilbrett in der bis zur Ecke erforderlichen Breite zuschneiden, die Schnittkanten hobeln und schleifen. Bei endbehandeltem Profilholz die Kante nachstreichen. Das Endbrett annageln. Vom zweiten Eckbrett das Profil an der Federseite abschneiden. Schnittkante glätten und nachbehandeln. Dieses Brett bündig oder leicht zurückversetzt anbringen, Nagelköpfe versenken und mit Wachs ausfüllen.

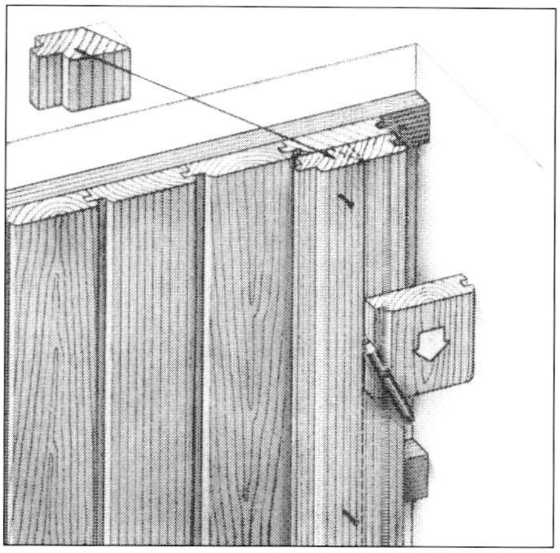

30 Beim genauen Anpassen des letzten Profilbretts einer Wandbekleidung hilft Ihnen die „Bleistift-Klotz-Methode“: Das Profilbrett deckungsgleich auf das vorletzte Brett heften. Mit dem Bleistift und einem rechtwinkligen Holzklotz werden die Unebenheiten der angrenzenden Wand auf das letzte Profilbrett übertragen, das dann mit der Hand- oder Stichsäge exakt an dieser Linie entlang zugeschnitten wird.

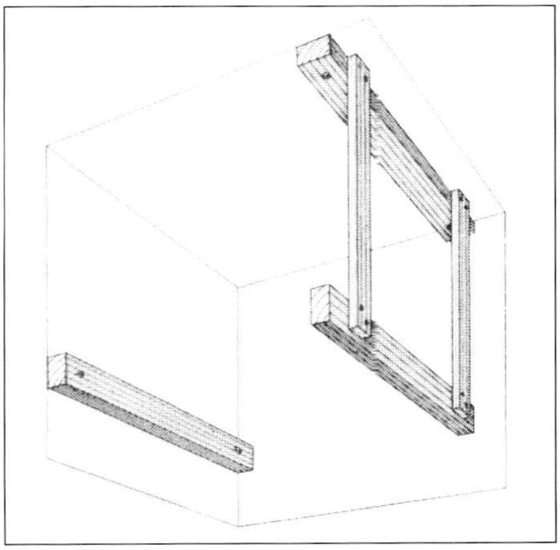

31+32 Und so können Sie bei hohen Räumen die Decke „herunterholen“: Der Abstand zwischen den hölzernen Abhängern beträgt

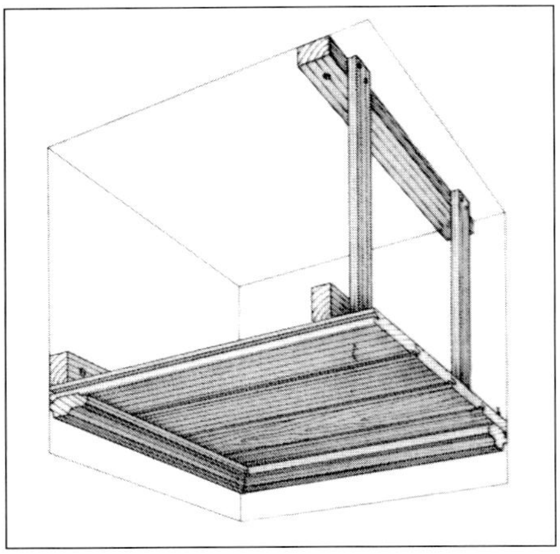

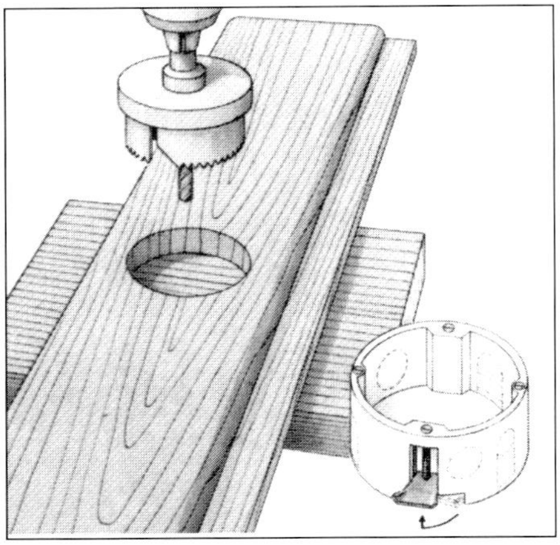

ca. 60 cm. Die unteren Traghölzer vor dem Befestigen genau mit der Wasserwaage ausrichten. Profilhölzer und Abschlußleisten dann wie üblich anbringen.

einer Lochsäge auf fester Unterlage ausschneiden.

35 Wenn Sie einen Strahler an der Decke anbringen wollen, ebenfalls

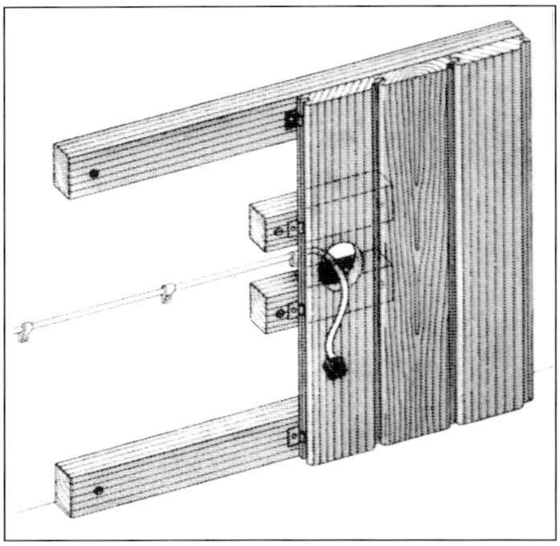

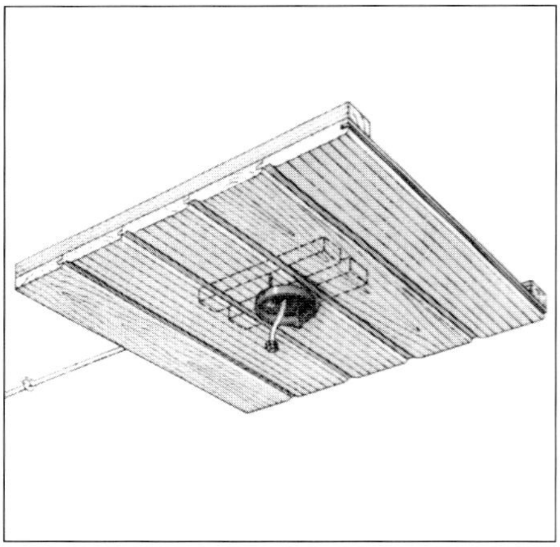

33+34 Im Bereich von Schaltern und Steckdosen zusätzlich zwei Leisten anbringen. Den Sitz der Steckdose genau auf das Profilholz übertragen und die Öffnung mit

zwei zusätzliche Leistenstücke mit Dübeln befestigen und die für das Kabel notwendige Öffnung mit der Lochsäge vor der Montage in das Profilholz bohren.

Schnell gebaut: Sauna

Sie träumen von einer eigenen Sauna? Wenn Sie einen dafür geeigneten Raum haben, läßt sich dieser Traum mit kompletten Bausätzen problemlos realisieren. Einen Fachmann brauchen Sie nur für die Elektroinstallation. Alles andere ist ein Kinderspiel und läßt sich auch von ungeübten Heimwerkern ohne großen Kraft- und Zeitaufwand bewältigen. Schwitzen werden Sie erst in der Sauna.

Wenn im Keller ein Gästezimmer mit Duschmöglichkeit und Tür zum Garten vorhanden ist, sind die wichtigsten Voraussetzungen bereits erfüllt. Notfalls reicht auch ein großes Fenster, das sich weit öffnen läßt. Die Saunakabine muß so breit sein, daß Sie sich auf der Bank problemlos ausstrecken können, und mindestens 1,85 m hoch sein.

Zwei oder drei Liegen in verschiedenen Höhen sind empfehlenswert. Die Saunakabine muß so hoch sein, daß man auf der obersten Bank noch aufrecht sitzen kann. Dazu sind je nach Körpergröße 90 bis 100 cm erforderlich. Die Tür – aus Sicherheitsgründen grundsätzlich ohne Schloß und nach außen zu öffnen – sollte möglichst an der Breitseite eingeplant werden. Der Untergrund muß absolut waagerecht sein. Er braucht nicht isoliert zu werden. Gut geeignet sind Estrich, Klinker oder Fliesen.

Eine wichtige Voraussetzung für die einwandfreie Funktion der Sauna ist die Belüftung des Saunaraums mit ausreichendem Luftaustausch: Die Zuluft-Öffnung kann in den Sauna-Vorraum führen, wenn er sich ausreichend lüften läßt. Ansonsten über einen Wanddurchbruch aus einem ausreichend gut belüfteten Nebenraum. Die Abluft-Öffnung sollte möglichst ins Freie führen. Auch eine Abluft-Führung in einen Nebenraum ist möglich, wenn dieser gut belüftet werden kann. Für die Hinterlüftung muß zwischen Saunakabine und Wand ein Abstand von 2 bis 5 cm eingeplant werden.

Elektroinstallation

Auch wenn Sie zu den versierten Heimwerkern gehören, die fast alles können: Die Elektroinstallation für den Saunaofen und die Schalttafel muß unter allen Umständen von einem zugelassenen Elektriker durchgeführt werden! Alle elektrischen Leitungen, die in die Saunakabine führen, müssen hitzebeständig isoliert sein.

Im Gegensatz zum Boden müssen kalte Wände und Decken im Bereich der Sauna isoliert werden, damit sich im Winter kein Schwitzwasser bildet. Die Isolierschicht sollte mindestens 30 mm betragen und mit Alufolie als Dampfsperre fugenlos abgedichtet werden.

Wenn alle Vorbereitungen getroffen sind, können Sie Ihren Traum von der eigenen Sauna mit kompletten Bausätzen ohne großen Kraft- und Werkzeugaufwand in nur wenigen Stunden verwirklichen. Gehen Sie Schritt für Schritt nach der beiliegenden Montageanleitung vor. Zu zweit geht's einfacher und schneller. Und mehr Spaß macht es außerdem.

1 Der komplette Bausatz enthält alles, was Sie für die Montage und die spätere Benutzung benötigen – von handlichen Wand- und Deckenelementen, Werkzeug, Ofen und Liegebänken bis zu Kübel und Kelle.

Zunächst werden die Sockelleisten mit Dübeln und Schrauben im Boden befestigt. Auf den für die Hinterlüftung notwendigen Abstand zur Wand achten!

Aus zwei Wandelementen wird dann die erste Ecke der Kabine zusammengesetzt. Die beiden Teile an der Außenkante miteinander verschrauben.

2 Die verbundenen Elemente werden dann in der Ecke auf die Sockelleisten geschoben und an dem Boden-Rahmen befestigt.

4 Mit jedem weiteren Element gewinnt Ihre Sauna an Stabilität. Immer darauf achten, daß Nut und Feder exakt verbunden sind.

3 Die weiteren Wandelemente an das Eckelement ansetzen. Wenn Nut- und Federverbindung geschlossen ist, mit Schrauben fixieren.

5 Nun wird die mit Sichtfenster aus bronzefarbenem Sicherheitsglas und Griffen ausgestattete Saunatür aus massivem Holz eingebaut.

6 Wenn das letzte Wandelement eingesetzt ist, folgt zunächst einmal die Montage der Inneneinrichtung, die ebenfalls zum Bausatz gehört.

An die Wand geschraubte Auflageleisten sorgen dafür, daß die Saunabänke sicher verankert sind. Die Bankroste werden einfach nur aufgelegt.

Ein zweiteiliges Schutzgitter aus Holz verhindert, daß Sie beim Saunabad versehentlich den heißen Saunaofen berühren.

7 Die Montage der Decke ist ebenfalls problemlos, da sie aus handlichen Teilen besteht, die sich zu zweit leicht bewältigen lassen. Die Elemente fugenlos miteinander verbinden und dann befestigen.

Nach der Montage der Decke die Schrauben des letzten Eckelements nochmals fest anziehen. Wenn der Elektriker den Ofen installiert hat, können Sie das Saunavergnügen in den eigenen vier Wänden genießen.